丛书主编 谷力

概念主题式综合实践活动课程丛书

趣学金融

主编 李洪祥 张屹 史亮

南京大学出版社

概念主题式综合实践活动课程丛书

丛书主编　谷　力

《趣学金融》编委会

主　　编	李洪祥	张　屹	史　亮
副主编	王诚成	刘　牧	方明中
编　　委	谷　力	李洪祥	张　屹
	史　亮	王诚成	刘　牧
	方明中		
编写人员	谷　力	马　征	王小强
	王　宁	王诚成	文　佩
	史　亮	付为勇	冯照勇
	华　雨	刘　牧	汤平平
	阮灿美	孙克文	张　屹
	陈存友	易志鹏	赵静静
	胡开贵	段　培	俞秀美
	昝庭元	袁　军	夏名雨
	顾　敏	陶　南	程　林

（按姓氏笔划排序）

序一

■谷力（教育学博士，管理学博士后）

美国财商专家罗伯特·清崎说过："人们纠结于财务问题的主要原因是，他们在学校里待了很多年，却对金钱一无所知，结果便是他们学会了怎样为金钱工作，而不是让金钱为他们工作。"现实生活中，我们经常听到一些人为自己没有钱找借口，抱怨命运的不公。其实，这些人之所以如此，是由于他们不了解金融和经济学知识。

如今，金融已经成为整个经济活动的"血脉"，渗透到社会的方方面面。金融学已经不仅仅是专业工作人员必须掌握的专业知识，也应该是所有社会成员生活幸福、致富所必须学习的内容。经济学和金融学知识应该融入中小学素质教育内容之中。财商的训练也应该从娃娃抓起。孩子在成长的过程中，不应该远离金融，而是有必要通过多种形式对金融理念、金融知识、金融思维方式等有所了解。我们的教育应该帮助孩子树立正确的金融观念、增长理财能力和创造财富的智慧，促进每一个孩子素质全面发展和社会化成长。

金融与社会生活密切相关，金融活动包含货币的发行、流通和回笼，贷款的发放和收回，存款的存入和提取，汇兑的往来等经济活动。金融产品主要包括银行、证券、基金、保险、信托等。因此，本书努力围绕金融概念，根据概念主题式课程框架构建了一个包含货币综述、货币使用、货币文化、日常金融业务、电子银行业务、金融与社会、金融效应、金融生活观等九大板块、36个相关概念的小学金融课程。

为了让小学生喜欢学习这些内容，我们努力遵循小学生认知规律，力图让《趣学金融》产生学生乐学的理想学习效果。我们知道，金融学知识对小学生来说是比较深奥和抽象的，小学生难以理解这些抽象的概念及其本质内涵。基于这样的认识，我们努力把这本《趣学金融》编成一本富有生活化的、充满趣味的儿童读本。为了有效地帮助小学生理解和认识，根据概念主题式综合实践活动课程的教学原则，我们引入学习事件、创设学习情境，引导小学生主动积极地参与学习

金融的事件过程，帮助他们形成丰富的、关于金融本质的感性经验。所谓学习事件就是围绕一个主题而展开的，有意义，有时间、地点、人物参与，有过程的一个完整事件。比如"钱眼里看人"是"金钱观念"概念的学习事件；"防范金融犯罪"是理解"法治观念"概念本质内涵的事件；"体验钱币的民俗文化"是认识"钱币民俗文化"概念的事件，等等。为了保持孩子的事件意识和情境意识，让孩子沉浸在教师创设的情境中并享受想象的快乐，在《趣学金融》的文本设计中，我们努力做到每一节内容都围绕一个主题，以故事的形式展开孩子抽象的金融概念学习。每页图片尽量呈现一个情景，图片设计力求美观、直观而具体。这些构成了本书的第一大特色。

另外，本书还有一种重要的特色，就是金融知识的学习，不是采取向学生灌输概念的方式，而是通过设计一个个问题来引导孩子思考和讨论，进而形成正确的金融概念。

《趣学金融》研究起始于2009年。那一年春天，我在全市发起了概念主题式综合实践活动课程的研究活动，全市很多小学申报并参与这项研究。江宁实验小学申报"钱币"这个概念。该校组织了一批优秀教师参与了这一校本课程的研发活动。从此，我们共同开启了持续六年多的"钱币"课程的研发活动。2013年以来，我们与南京金陵晚报社联合举办了两届小学生财商夏令营和财商比赛。活动做得很精彩，孩子们也很喜欢、很获益。这些活动让我们对财商和少儿金融教育内容和形式有了进一步的认识。金陵晚报的史亮主任和刘牧美编也加盟到金融课程的编写之中。三方合作，也增强了我们研发的力量，报社编辑严谨的工作态度和较高的艺术修养也提高了课程研发的工作水平。

由于本选题与教师们的专业工作相距较远，参与研发的老师们也缺少相应的专业知识，如何让金融知识系统化、认知趣味化的确让我们费了一番辛苦、动了一番脑筋。在近七年中，研究之路特别艰辛。我和参与研究的同志们除了大量学习金融的专业知识以外，为了该课程的研发我们反复修改、逐步完善，我们共使用几十个工作日、占用了几十个节假日和三个"革命式"的春节。该课程先后从《钱币》校本课程，变成《小学金融课程》教师用书、《小学金融课程》学生用书，再演变为《趣学金融》，现在终于逐步成形，趋于成熟。

我们衷心地感谢所有参与该项研究、编写、研发该课程的人们，特别是张屹老师和刘牧美编。他们的辛苦和智慧、协作和创新，才使得这本书如此好看、好学。

序二

■顾蓉

金融对于经济的作用不言而喻。金融学知识，对提升中小学生综合素质也非常有必要。中小学时期是培养学生金融基本理念和意识的最好阶段，及时对其进行系统、完备、科学、有效的金融知识教育，能够帮助青少年认识金融，掌握基本金融知识，培养正确的理财观、消费观和风险防范意识，培养新一代公民良好的金融素养。

在西方发达国家，20世纪90年代中小学就已经开展了金融教育，美国更是把每年的4月作为金融扫盲月。而相对于金融发展的要求而言，我国的金融教育仍然滞后，社会公众接受金融知识的渠道和手段也相对匮乏。

《趣学金融》这本书细细读来，我感觉有以下几个突出特点：第一，趣味性。这本书图文并茂，使用漫画插图、故事性体裁及网络语言等形式，很容易吸引中小学读者。第二，实践性。图书用最通俗的语言文字，结合国内金融市场中理财产品的实际情况，介绍了一些常见的理财工具。第三，系统性。书的内容虽然没有面面俱到，但重点突出，有一个严谨的知识体系，由浅入深、由表及里，在普及理财知识的同时兼顾经济金融知识，并且针对不同阶段的学生，内容也有所侧重。第四，启发性。一本好书不是把知识灌输给读者，而是要能打开读者思考的闸门。

"十年树木，百年树人。"无论是着眼于培育高素质的金融消费者，还是造就合格的金融从业人员，加强对中小学生的金融教育，塑造讲诚信、懂金融、知风险、会理财的当代新人，都是一项利在千秋、居功至伟的事业。学金融知识，就是学着与"钱"打交道。需要提醒的是，在学习的过程中，莫只学会了向钱看，更要恪守基本的价值观。在普及金融知识的同时，更要引导他们积极树立健康的人生观、价值观，做一个诚实守信、脚踏实地的人，而不是将金钱作为唯一的追逐目标，掉进拜金主义的泥沼无法自拔。

目录

神游钱币历史长河

idea
看一看 原始人怎么购物?

> 原始社会,人们把自己富余的物品相互交换来获取其他的生活用品。

idea
演一演

> 拿出卡纸写上你想要交换得到的东西(单数和双数交换)。

idea
议一议
1. 你觉得原始人的交换谁亏了?谁赚了?
2. 原始人的物物交换有没有需要改进的地方?
3. 你认为应该如何改进?

我探究

夏商时代的人为什么用贝壳做货币？

★每一枚贝壳能购买多少物品呢？哪一枚最值钱？

★用贝币去交换羊是不是更方便？

小贴士

在夏、商朝代，人们将贝类当作货币，贝类是最早的古代货币。贝类主要产于海滨，中原比较稀有，而且贝类坚硬美观，方便携带并可以计数。贝币以"朋"为计算单位，5枚贝为一串，两串为一"朋"。到了战国时期，还出现了金属贝币。

贵 贫 贪
资 赏 赠
财 赢
购 赚 赞

我发现

★你认识上面的会意汉字吗？

★找一找这些汉字有什么共同点？
(提示：这些汉字与哪一个汉字相关？)

idea 我思考

战国时期用什么钱币替代了贝壳呢?

春秋战国时期人们开始使用金属钱币,如鱼币、布币、铲币、刀币等。

鱼币

布币

铲币

刀币

布币,因形状似铲,又称铲布,从青铜农具铸演变而来。

idea 查一查

请上网查询这些金属钱币是如何演变而来的。

idea 议一议

秦始皇用什么"钱"统一了全国货币?

秦始皇嬴政

秦半两钱

秦半两钱与铲币、刀币相比,有何优点?

小贴士

最早"秦半两钱"的出现

秦始皇兼并六国后,为巩固封建统治和发展封建经济,统一了钱币政策,在全国范围内推行外圆内方的半两钱,这是中国历史上的一次币制改革。"半两"钱作为我国钱币发展史上的一座里程碑,成为重量名称和货币名称统一的记重货币,这种外圆内方的钱币在形制上从此固定下来,并为历代沿袭,直至清末。

idea
我探究

宋朝人发明了什么钱？

小·贴士

交子的出现代替了金属币。它是在一张小纸片上，印上房屋、树木和人物的图画，并做上暗号以防别人仿印。

宋真宗初年，四川成都的十六家富商联合印发了一种比金属币方便携带的纸币——交子。这是我国使用纸币的开端，也是世界上最早的纸币。

交子以后的纸币又是如何变化的呢？

idea
我观察

清朝纸币

民国纸币

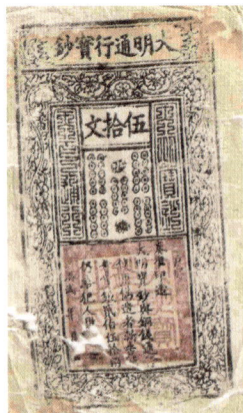

明朝纸币

idea
我思考

钱币的变化有什么样的规律呢？

· · · · · ·

idea
试一试

你能认识和使用电子货币吗？

换房记

小明向大家介绍了这些年来他家换房的故事。

第一次换房

10年前，爸爸为了扩大全家居住面积，把我家在市中心地区的78平方米的房子以6600元/平方米卖了，在新开发的河西地区以每平方米4600元的价格买了140平方米的新房子。我离学校近了，又多出了一个书房给我写作业，我可开心了。

idea 写一写

请你帮助算算，当时小明家大约贴了多少钱完成了房屋置换。

idea 议一议

仔细观察地图，议一议为什么主城区的房价比新开发的城区贵？

南京市目前有11个城区：鼓楼区、玄武区、秦淮区、建邺区、雨花区、栖霞区、浦口区、江宁区、六合区、溧水区、高淳区。

小贴士

第二次换房

目前,我家在奥体的住房已经涨到每平方米50000元,请帮我算算十年来,我家的房子增值了多少?

idea 算一算

idea 议一议 房子涨价的原因是什么呢?

? 规划

? 小区环境

? 周边设施

？知名学校

？室内装修

第三次换房

　　我已经考上大学，妈妈也即将退休，她认为方山风景区环境、空气都要好一些。妈妈准备卖掉河西房产，换购方山周边的新房。星期日，全家前往方山地区转了几家楼盘售楼处，方山的房产价格基本在每平方米12000元。

小贴士

三室两厅效果图

两室一厅效果图

售楼员介绍房屋以下特点

- ■ **交通方面**　小区出口距离新建的地铁口500米。
- ■ **小区景观**　小区景观配套适合居住。
- ■ **公共设施配套完备程度**　车位满足每户需求，有地下停车场。
- ■ **物业管理**　服务、安保意识强。
- ■ **装修程度**　房屋精装修，装修为简欧式风格。
- ■ **房屋质量**　建筑材料抗震、抗压、防火、保暖、防潮、低碳环保。

你有哪些理由帮助小·明妈妈确定购房意向？

交通便捷度	楼盘内景观	公共设施
物业管理	装修程度	房屋质量

你想建议小·明妈妈挑选哪一套房子，为什么呢？

显微镜下·看钱币

idea
想一想 这些行为正确吗?

行为1
生活中接触"钱"之后
不洗手

行为2
将"钱"与食物放在一起

行为3
在触碰"钱"的同时
吃东西

行为4
让伤口
接触到"钱"

我观察 钱币上有细菌吗？

钱币上大肠菌群、大肠杆菌、金葡萄菌、蜡状芽孢杆菌、沙门氏菌的阳性检出率分别为65.6%、45.9%、41.7%、67.7%、19.8%。这些细菌最容易通过食物传播。"更需引起关注的是，钱币细菌的耐药性问题非常严重。"除了细菌，纸币上还可能存在轮状病毒、甲肝病毒、乙肝病毒，多种寄生虫，支原体、衣原体等。

每张钱币细菌含量2.5万个

新、旧纸币上的细菌在培养皿内分别对比，上为十元新纸币，下为十元旧纸币。

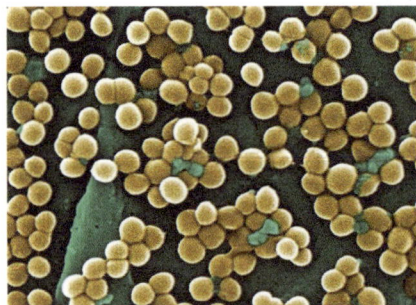

葡萄球菌

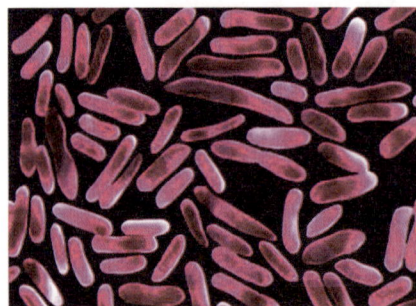

大肠杆菌

细菌是从哪里来的？

小·实验 细菌的生长过程

1 准备培养基：将香蕉去皮后，制成香蕉泥；等量放入两个大小相同的可以高温加热的器皿（小碗）中，用保鲜膜盖好；将两个装置放入有笼屉的锅中蒸10分钟消毒，然后自然冷却（要保证在接种之前培养基是完全无菌的）。

2 接种：将待测物（一张10元纸币）的表面充分接触培养基即可。

3 培养观察：将实验装置放在温暖的地方，每天观察一次。

第一天
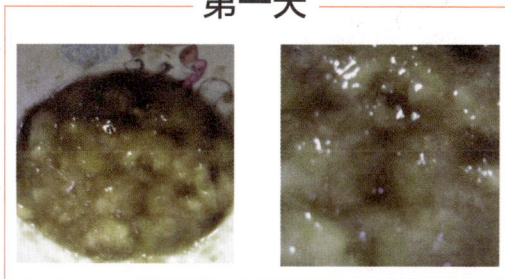

第二天
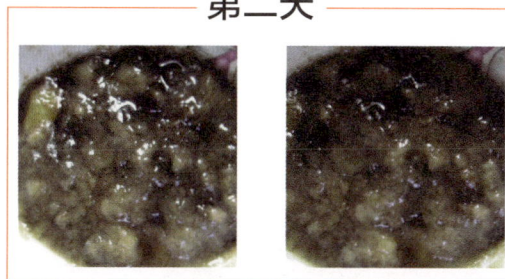

第三天
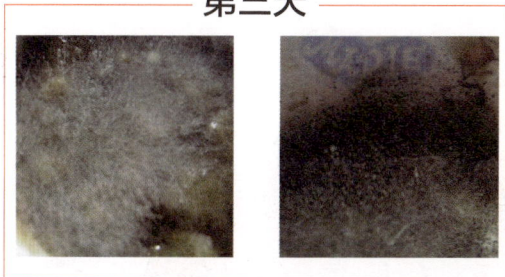

第四天
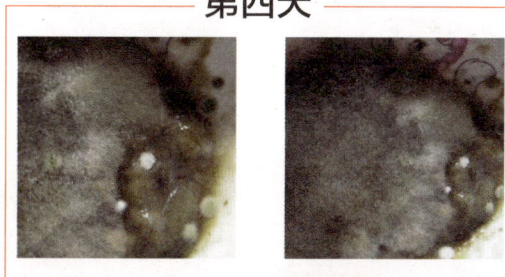

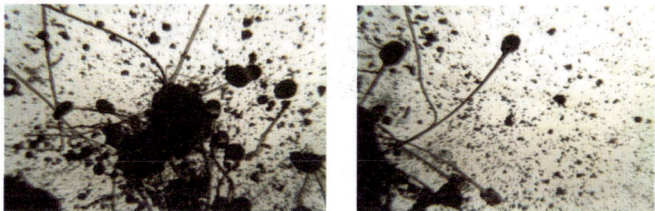

4 实验室镜检：

　　左侧两幅图片均为在数码显微镜下观察到的真菌图像。清晰的菌丝和孢子的形状表明它们是曲霉。白色"绒毛"上的黑色小颗粒就是孢子。这些真菌就是通过这些孢子来繁衍后代的，这些孢子在适应的条件下都能快速生长为新个体。

011

货币使用·用钱卫生

idea 考考你

这只拿钱的手卫生吗？

那我们应该怎样注意用钱卫生呢？

洗手最好用洗手液或者肥皂，因为碱性的效果更好，时间在1~3分钟，洗手前后细菌的数量相差10倍以上。饭前便后要洗手。

洗手六步法

1 掌心擦掌心，手指并拢，相互搓擦

2 手指交错，掌心擦手背

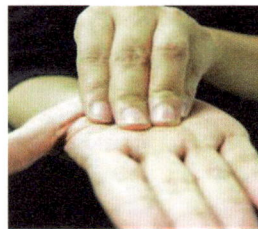

3 掌心相对，双手交叉沿指缝相互摩擦

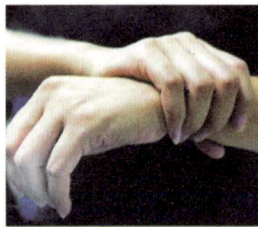

4 一手握另一手大拇指旋转搓擦，交换进行

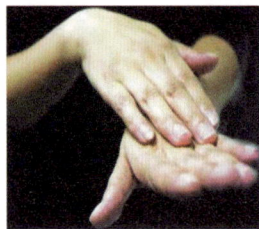

5 弯曲各手指关节，在另一手掌心旋转搓擦，交换进行

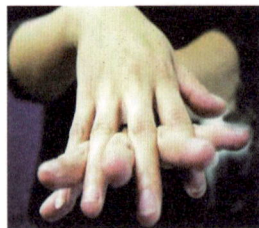

6 搓洗手腕，交换进行

残缺污损钱币兑换记

猜一猜 *idea* 钱币破了还能用吗？

　　小明的奶奶存了2千块钱，藏在家中的衣柜里。结果衣柜闹老鼠，等奶奶把钱翻出来，已经被咬坏了不少，这可愁坏了奶奶。难道这些钱都"打水漂"了吗？

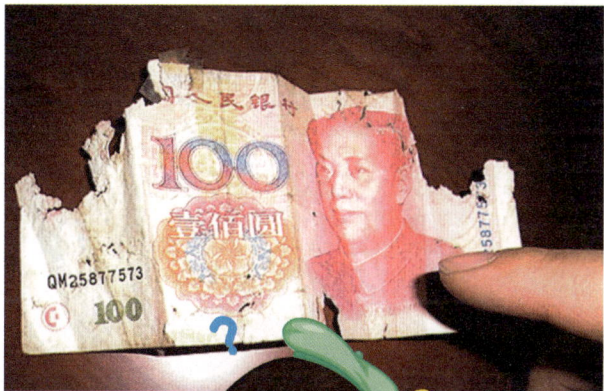

试一试 *idea* 残缺污损钱币是否只有到银行才能兑换呢？

这张钱缺了一角，能帮我换一下吗？

没问题，这是我们的职责。

小贴士

有以下情况的钱币，必须到银行进行兑换哦！

一、纸币票面缺少面积在20平方毫米以上的。

二、纸币票面裂口2处以上，长度每处超过5毫米的；或裂口1处，长度超过10毫米的。

三、纸币的纸质较绵软，起皱明显、脱色、变色、变形，不能保持其票面防伪功能等情形之一的。

四、纸币票面污渍、涂写字迹面积超过2平方厘米的；不超过2平方厘米，但遮盖了防伪特征之一的。

五、硬币有穿孔、裂口、变形、磨损、氧化、文字、面额数字、图案模糊不清等情形之一的。

想一想 什么样的钱币可以全额兑换、半额兑换或不可兑换呢？

能辨别面额，票面剩余四分之三以上(含四分之三)，其图案、文字能按原样连接的残缺、污损人民币，金融机构应向持有人按原面额全额兑换。

能辨别面额，票面剩余二分之一(含二分之一)至四分之三，其图案、文字能按原样连接的残缺、污损人民币，金融机构应向持有人按原面额的一半兑换。

纸币呈正十字形缺少四分之一的残缺、污损人民币只能兑换半额。

选自《中国人民银行残缺污损人民币兑换办法》

● 全额兑换

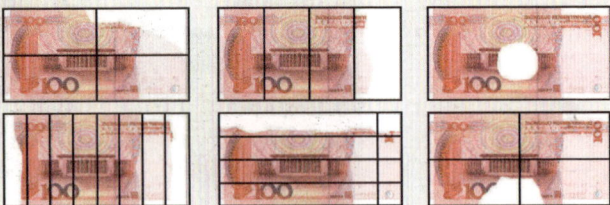

● 半额兑换

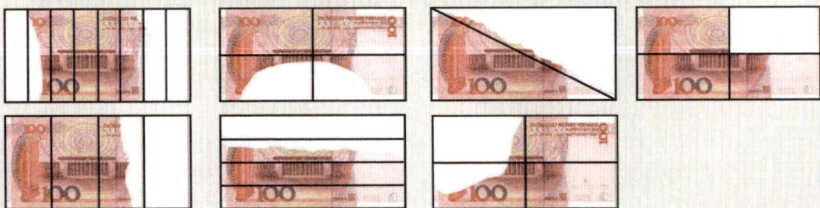

● 不可兑换

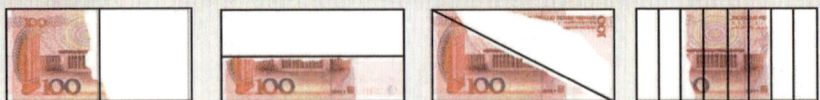

画一画 按照兑换要求，在钱币图案上画出图形，并具体标明可以半额兑换以及不可兑换的钱币。

货币使用·爱护钱币

【新闻链接】

剪了一个角，兑不到全额了
银行：不要对残币进行裁剪等处理

"纸币呈正十字形缺少四分之一的，兑换半额"的规定，主要是为了杜绝犯罪分子或无聊人士有意裁剪、拼凑人民币。

厦门晚报

剪掉一个角的一百元钞票

idea 考考你

1.一百元人民币剩下四分之一，还能兑换多少钱？
2.拼凑人民币可以兑换吗？

小贴士

能辨别面额，票面剩余二分之一(含二分之一)至四分之三，其图案、文字能按原样连接的残缺、污损人民币，金融机构应向持有人按原面额的一半兑换。

银行是不兑换任何拼凑币的哦！如有拼凑情况，会按钱币上最大的完整面积进行兑换。

议一议 损害人民币的违法行为有哪些?

损害人民币犯法吗?

小贴士

中华人民共和国人民币管理条例(节选)

第二十七条 禁止下列损害人民币的行为:(一)故意毁损人民币;(四)中国人民银行规定的其他损害人民币的行为。

第四十三条 故意毁损人民币的,由公安机关给予警告,并处1万元以下的罚款。

我总结

人民币是我国的法定货币。

第一,我们应该重视人民币的整洁度,做到不乱折乱揉人民币,不在人民币上乱写乱画,不故意损坏人民币。

第二,暂时不用的人民币最好存到银行,不要随意藏放,以免丢失或损坏。残缺、污损影响正常流通的人民币应及时到银行兑换。

第三,发现误收的假币不要再使用,应及时上交当地银行。

第四,发现他人使用假币,应予以坚决制止。

第五,发现有人制造、买卖假币,应尽快报告公安部门。

小贴士

损害人民币的违法行为

■ 故意损毁人民币行为。

■ 制作、仿制、买卖人民币图样。

■ 未经中国人民银行批准,在宣传品出版物或其他商品上使用人民币图样。

■ 中国人民银行规定的其他损害人民币行为。

生活中识别真假人民币

咦？刚吞进去的钱，怎么又吐出来了呢？

原来，这是一张假币！

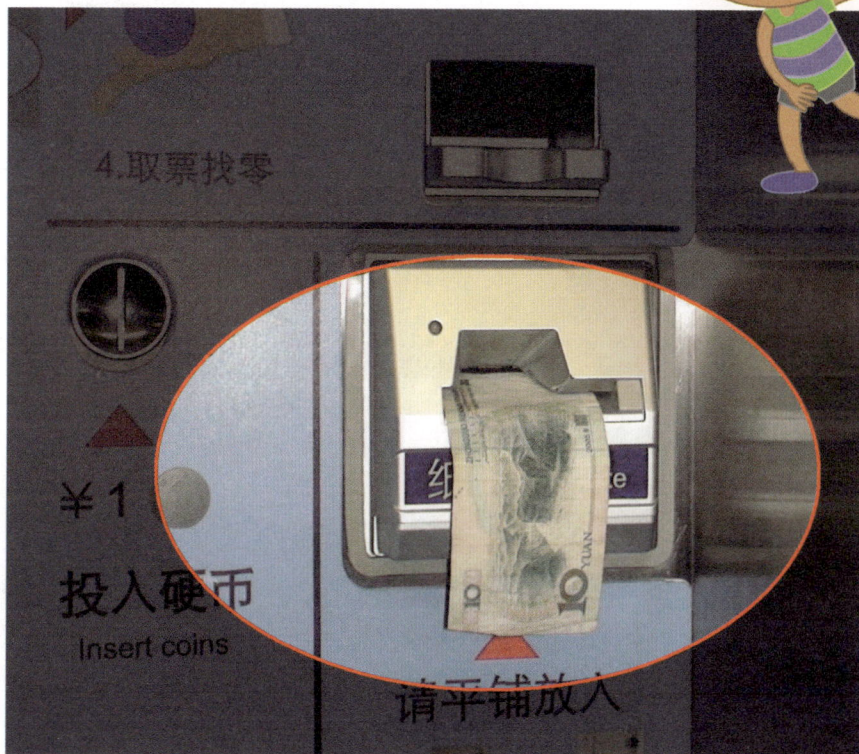

4.取票找零

¥1

投入硬币
Insert coins

请平铺放入

我思考 我们如何才能识别真假人民币呢？

idea 我探索 如何识别人民币纸币真伪?

一看

看水印

第五套人民币
100元水印

第五套人民币
20元花卉水印

二摸

1. 摸人像、盲文点、中国人民银行等处是否有凹凸感。

手工雕刻头像

第五套人民币纸币各券别正面主景均为毛泽东头像,采用手工雕刻凹版印刷工艺,形象逼真、传神,凹凸感强,易于识别。

2. 摸纸币是否薄厚适中,挺括度好。

三听

抖动钞票使其发出声响,人民币的纸张,具有挺括、耐折、不易撕裂的特点。手持钞票用力抖动、手指轻弹或两手一张一弛轻轻对称拉动,能听到清脆响亮的声音。

四测

借助一些简单的工具和专用的仪器来分辨人民币真伪。如借助放大镜可以观察票面线条清晰度、胶、凹印缩微文字等;用紫外灯光照射票面,可以观察钞票纸张和油墨的荧光反映;用磁性检测仪可以检测黑色横号码的磁性。

识别真假人民币的学问可真大呀!

考一考 *idea*

怎样识别人民币硬币的真假？

方法一 看

看色泽。真硬币呈镍白色，而假硬币其镀镍层较薄，较易生锈被腐蚀，不耐磨，加之，材质不同，所以色泽较暗；真硬币一般不可能生锈，一旦发现一枚生锈的硬币，那很可能就是假硬币。

看图案。假硬币的图案一般花纹粗糙模糊。例如国徽中的麦穗模糊，绶带层次感差，细条纹模糊不清；五角星立体感也差；背面牡丹花叶瓣上的叶脉、花蕊也模糊不清，等等。

看图文中心线。一元真硬币的图文中心线都是正对着的；而假硬币则往往出现不对称现象；假硬币的轮廓比真币也稍微大一点。

方法二 摸

假硬币花纹往往比真硬币模糊，而且不如真硬币光滑，尤其是背面汉字和拼音，假硬币"中华人民共和国"几个字体和拼音的笔画都比较粗糙，真硬币则比较精致细腻。

方法三 听

假币发出的声音很闷，没有真币那么脆。

补充

除此之外，如果通过上述方法还是无法辨认，可前往银行用仪器进行鉴别。

议一议 *idea*

1、如果你不小心收到一张假币，你会怎么办？

2、不法分子制造假币带来哪些危害？

小贴士　认识老版人民币100元假钞上面的六大特征

idea 我阅读　看一看2015年新版人民币十大防伪特征

①位于正面左侧空白处，迎光透视，可见与主景人像相同、立体感很强的毛泽东像水印；②在票面的空白处，可看到纸张中有红色和蓝色纤维；③钞票纸中的安全线，迎光观察，可见"RMB100"微小文字，仪器检测有磁性；④正面主景毛泽东头像，采用手工雕刻凹版印刷工艺，形象逼真、传神、凹凸感强，易于识别；⑤正面右上方有一椭圆形图案，将钞票置于与眼睛接近平行的位置、面对光源作平面旋转45度或90度角，即可看到面额"100"字样；⑥正面上方椭圆形图案中，多处印有胶印缩微文字，在放大镜下可看到"RMB"和"RMB100"字样；⑦正面左下方"100"字样，与票面垂直角度观察为绿色，倾斜一定角度则变为蓝色；⑧票面正面左下方和背面右下方均有圆形局部图案，迎光观察，正背图案重合并组合成一个完整的古钱币图案；⑨正面主景毛泽东头像、中国人民银行行名、盲文及背面主景人民大会堂等均采用雕刻凹版印刷，用手指触摸有明显凹凸感；⑩正面采用横竖双号码印刷（均为两位冠字、八位号码），横号码为黑色，竖号码为蓝色。

idea 填一填　在下图的序号旁填写出新版人民币100元的防伪标识。

1. ....
2. ....
3. ....
4. ....

5. ....
6. ....
7. ....

您的行为影响到了银行正常工作，请跟我走一趟！

不把没收我的假币还给我，我就不走啦！银行欺负人啦！

idea 考考你

存钱时发现假币，银行没收后还能要回来吗？

我到超市去购物

我尝试 idea

你的两位外国同学到你们家做客。爸爸、妈妈、爷爷、奶奶、外公、外婆、叔叔和婶婶等都来参加聚餐,爸爸给你一百元,让你去超市购买食品。

小贴士

购买商品最好先列出清单,带上适当的钱,准备好购物袋。购物时应当进行比较,看看哪个货品性价比更高。买好商品后先预估一下价钱,再结账哦。

填一填 idea

在超市里购物,请在下列空白圆圈内填上正确的序号

○ 逛一圈超市　　○ 结账　　○ 优选出最好搭配

○ 了解价格

○ 根据商场布局设计选物路线

○ 设计购物搭配

议一议 idea

用一百元购物如何分配最为合理呢?如何满足所有人的需要呢?

写一写 idea

将大家想要购买的商品列出清单。预想一下大概需要买多少合适呢?

idea 逛一逛

逛一逛超市,了解一下大家所选商品的价格。估算一下每种商品应该买多少。

长辈们的偏好:爸爸想吃牛肉、妈妈想吃鸡肉、爷爷吃蛋糕、奶奶吃面条、外公吃面包、外婆吃水饺、叔叔吃排骨、婶婶吃鱼虾,外国同学的偏好呢?

蔬菜	单价(500g)	重量(g)	总价(元)
青椒	5.5元		
茄子	2.5元		
韭菜	2.5元		
青菜	1.5元		
西红柿	2.2元		
芹菜	1.5元		
芦蒿	10元		
水产品	单价(500g)	重量(g)	总价(元)
鲫鱼	5.5元		
鲢鱼	5元		
鲈鱼	10元		
桂鱼	25元		
扁鱼	7元		
罗氏虾	30元		
肉类	单价(500g)	重量(g)	总价(元)
猪肉	12元		
排骨	16元		
牛肉	18元		
鸡肉	10元		
其他	价格	重量	
奶油蛋糕	10元一个		
面包	5元一个		
面条	3元一袋		
水饺	15元一斤		

idea 我探究

根据你所选商品的数量,估算一下此次购物的总费用,如果超过100元怎么办?如果不足100元怎么办?

小·贴士

买的太少不够吃,大家就会扫兴。考虑一下亲友们的胃口和食量大小,可以适当地调整物品的数量。

如果晚餐主食的品种较少,而一百元还有所剩余,可以增加一些蔬菜类的食物。

我整理　此次购物的总方案

	品种	单价(500g)	数量	总价(请填写)
外国同学	芹菜	1.5元		
	青菜	1元		
婶婶	鲫鱼	5.5元		
	罗氏虾	30元		
叔叔	猪肉	12元		
	排骨	16元		
爸爸	牛肉	20元		
妈妈	鸡肉	10元		
爷爷	奶油蛋糕	10元/份		
外公	面包	5元/只		
奶奶	面条	3元/袋		
外婆	水饺	15元/斤		

算一算

请核算一下实际所购牛肉、鸡肉、面包、蛋糕、排骨、鱼、虾、面条等总费用。

我思考

晚餐一共有10人参加,而主食只有5道,菜不够吃,该怎么办?

我说明 说明我此次购买各种食品的理由

我给........买了........花费了........
我购买的理由是........

....

我给........买了........花费了........
我购买的理由是........

....

我给........买了........花费了........
我购买的理由是........

....

我总结 根据此次经验,请整理出超市购物的思维导图。

用餐人数

食物的单价

费用

购物

用餐人的满意度

用餐人的喜好

食物的品种和数量

用餐人的喜好

用餐人数

欣赏不同时期的"钱币"

泉友之家

网上"泉友之家"的口号是"广交天下泉友！""泉友之家"是一个温泉景区吗？打开网页，出现在你面前的却是古钱币的交友版。为什么这样呢？

我理解 idea

贝泉

大泉五十

钱和泉

战国时期称钱为"泉"。钱称为泉，主要还是从古钱外形演绎而来的，因为秦半两，外圆内方，具有"周流四方"的意义。故泉就泛指外圆内方的方孔钱。泉是由四面八方汇集在一起，再流向四面八方。钱与"泉"又是近音，直到现在，集币迷们仍以"泉友"相称，如今的钱学家也称泉学家。

想一想 idea

这首诗描绘的是什么物品？

匾匾团团铜作胎，
能贫能富亦神哉。
——咏钱【沈周】

货币文化·汉字「钱」的文化

idea
连一连

1.周国时期空首布　　2.齐国时期齐刀　　3.战国时期圆形方孔圆钱　　4.楚国时期"郢爰"金版　　5.秦国时期半两钱　　6.西汉时期五铢钱

7.西汉新莽大泉五十　　8.南朝刘宋时期景和　　9.唐朝开元通宝　　10.北宋崇宁重宝　　11.元代至元通行宝钞二贯　　12.明代洪武通宝　　13.清代康熙通宝

唐高祖李渊

宋徽宗赵佶

idea
画一画

idea
画一画

御书钱 小·知识

由皇帝亲手书写钱文的钱币,称为"御书钱"。开创这一先河的是北宋太宗皇帝赵光义,以后宋朝多位皇帝都亲手书写过钱文,而宋徽宗赵佶特有的瘦金体钱文更是代表了宋代货币文化的最高水平。宋徽宗的书法能够在前人书法艺术的基础上独辟蹊径,创造出一种前所未有的瘦金体。

开元通宝 小·贴士

唐高祖为整治混乱的币制,废除隋代钱币,开铸"开元通宝",取代社会上遗存的隋五铢。最初的"开元通宝"由书法家欧阳询题写,形制仍沿用秦方孔圆钱,规定每十文重一两,每一文的重量称为一钱,而一千文则重六斤四两。

idea
排一排

欣赏下列的钱币,说出古钱币的名称,并请按照钱币出现的先后顺序排列。

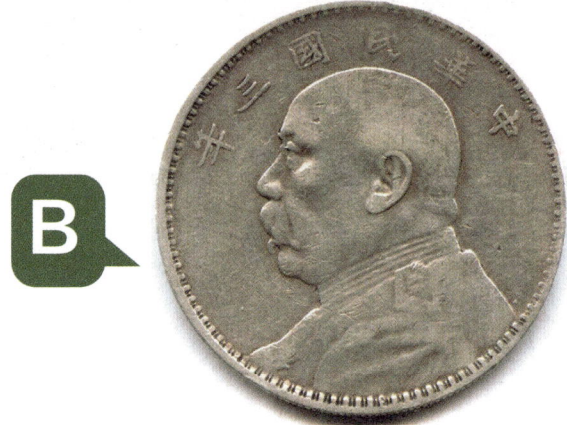

A

B

C

D

1 ＿＿＿＿＿＿＿
2 ＿＿＿＿＿＿＿
3 ＿＿＿＿＿＿＿
4 ＿＿＿＿＿＿＿

爷爷介绍钱币收藏

我讨教

我爷爷是一名钱币收藏迷

> 爷爷钱币收藏有什么意义?

钱币的收藏意义
1 艺术欣赏
2 普及知识和教育
3 史料和文物价值
4 保值、增值
......

同号钞、带数字"8"的钱币为什么就更珍贵一些呢?

要看是完全同号还是部分同号。完全同号可了不得哦,好好收藏,如果只是后四位或者后三位同号,这样的升值空间不会很大。人民币尾数编号8888或88888,是后4位同号或5位同号,又是吉祥号8,是比较少的,很有收藏价值的。8的同号位数越多,数量越稀少,也就越具有收藏价值。

错币还能用吗?为什么有人专门收藏错币呢?

由于人民币印制程序很严格、规范,有多道检验程序,出现错币的几率很小,因此,建议你还是收藏起来。

【新闻链接】

第三套人民币图样

10元
正面图案　反面图案

5元
正面图案　反面图案

2元
正面图案　反面图案

1元
正面图案　反面图案

中国人民银行为庆祝第三套人民币发行50周年，《央行第三套人民币大全套同号钞》正式公开发行，内容包括：大团结拾元1枚，伍元1枚，车工贰元错版票1枚，壹元1枚，伍角2枚，贰角2枚，壹角4枚，伍分、贰分、壹分纸币各1枚，共计15枚珍稀钱币，更为难得的是所有纸币后三位号码完全相同，既是全面值，又是同号钞，可以说每枚都是文物！

通过相加4枚钱币原来面值共 ____ 元，现在已经卖 ____ 元，涨了多少倍？
（ ____ 多倍）

算一算 idea

这是爷爷以前买来的钱币，我们帮他算算钱币的收益，共涨了多少倍呀？

收藏币名称	收藏币图片	当时购买价	现在市场价
第四套人民币硬币水晶球		200元	390元
奔向二十一世纪纯银纪念章		380元	580元
乾隆通宝古钱币		50元	130元
1元四连张第四套人民币		200元	600元

辨一辨 idea

下面一组钱币各属于流通币、收藏币、纪念币、投资币四类中哪一类呢？将它们对应地填在框中。

① ②  ③

④

⑤ ⑥

小·测试 idea

这是纪念币吗？值得购买吗？

1.	2.	3.
4.	5.	6.

上图是纪念香港回归的普通纪念章，它们不是纯银材料做的，也没有面值，所以不是纪念币，只是普通材料做的纪念章，收藏价值一般。

货币文化·钱币的收藏文化

idea

我欣赏 世界五大投资金币

中国熊猫金币

加拿大枫叶金币

澳大利亚袋鼠金币

美国鹰洋金币

南非福格林金币

idea

我总结 钱币的收藏文化概念图

钱币的收藏文化
- 钱币的种类
  - 流通币
  - 收藏币
  - 纪念币
    - 套封
    - 文字介绍
    - 发行单位
    - 发行量
    - ……
  - 投资币
  - ……
- 收藏、购买方法
  - 学习专业钱币收藏知识
  - 根据自己经济实力购买
  - 与朋友兑换需要的钱币
  - 注重收集现在流通的普通硬币
  - ……
- 钱币的收藏方法
  - 珍藏、保管方法
    - 选择安全可靠的存放地点
    - 存放干燥环境防止钱币生锈、上霉
    - 硬币加上塑料袋排掉空气
    - 纸币放入袋中摆放平整
    - 拿时带上手套以防手上水汽
    - ……
  - ……

欣赏钱币和纪念币的图案美

我欣赏 欣赏现在用的第五套人民币，说说这些图案是哪里的风景？

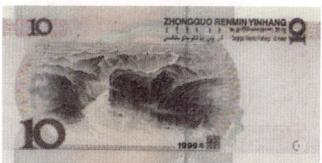

比一比 下列不同面值硬币的图案有哪些相同和不同之处呢？

小贴士

纸币类以毛泽东头像为正面，由面值、国徽、编号、花卉图案等组成。背面以我国代表性风景、建筑图案装饰，其中：100元是人民大会堂；50元是西藏的布达拉宫；20元是漓江山水；10元是三峡美景；5元画的是五岳之首。

硬币类有两个版本，一种正面1元是牡丹花，5角是梅花，1角是菊花；另一种背面1元是菊花，5角是荷花，1角是兰花。

拓一拓 idea　拓摹硬币

在桌子上放上几枚硬币(一元、五角、一角等),硬币面值朝下,图案面朝上。在硬币上面覆盖上一张白纸。不要掀开白纸,用彩色铅笔在纸上把钱币图案拓摹出来。

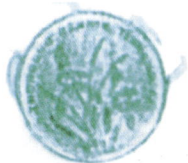

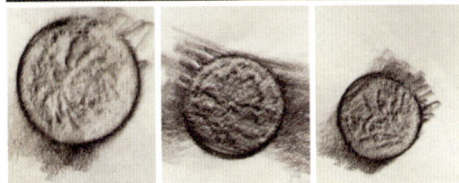

1元　　5角　　1角

问一问 idea　1角、5角、1元硬币的生产成本比10元纸币的面值还要高,为什么要有硬币呢?请教一下老师或专家!

我探究 idea　这张纪念纸币和这枚硬币上画了什么图案?和什么事件有关?和我们平时用的钱有什么区别?

小贴士

这是我国为了迎接新世纪而发行的纪念钞和纪念币,面值分别是100元和10元,100元一面绘制了国徽、中华世纪坛广场和雕塑,另一面画了象征中国的龙。

10元硬币上刻制了眼睛和21世纪的图案,寓意放眼展望21世纪。纪念币是针对一些有纪念意义的事件而发行的钱币,上面写出了"迎接新世纪"。

货币文化·钱币的图案文化

idea

我欣赏 纪念币,还有精美的包装和背景介绍。

这是2006年贺岁普通纪念币,围绕生肖像狗进行装饰,包装正面有狗和提灯笼的古装儿童,背面有蓝色剪纸狗图,里页有狗龙套图及唐代名画《簪花仕女图》中活泼可爱的宠物犬,这些都很好地表现了狗年的节日气氛,它也是春节馈赠亲朋好友的佳品。

idea

我了解 美元图案上的人物是谁?风景是哪儿?

小贴士

美元纸币正面主景图案为人物头像,主色调为黑色。背面主景图案为建筑,主色调为绿色,但不同版别的颜色稍有差异,上面的签名是财政部长的签名,不同发行年代是不同的财政部长。

货币文化·钱币的图案文化

英镑图案上的人物是谁？
风景是哪里？

£50 Bank of England 50
Fifty Pounds 50

The Royal Bank of Scotland plc
£100 £100

小贴士

在英国，女王是最尊贵的象征，所以所有英镑的正面都是英国女王伊丽莎白二世，反面的图案则根据钱币的面值各有不同。

钱币的图案文化
├ 不同国家、地区的钱币图案不同
│　├ 中国的人民币
│　├ 中国香港地区的港币
│　├ 欧盟的欧元
│　├ 美国的美元
│　└ ……
├ 钱币的图案内容
│　├ 钱币发行日期及印版编号
│　├ 主景图案 ── ┬ 中心图案
│　│　　　　　　 └ 花边装饰图案
│　├ 发行银行名称
│　├ 面额数字
│　└ ……
└ 钱币的图案意义
　　├ 政治
　　├ 经济
　　├ 文化
　　├ 历史
　　├ 艺术
　　├ 科技
　　└ ……

体验钱币的民俗文化

 **我欣赏** idea

欣赏古代钱币的用途,并猜猜看,它们各代表什么美好愿望呢?

1 摇钱树、金钱豹

摇钱树

> **小·贴士**
>
> "摇钱树,聚宝盆,日落黄金夜装银。"这首民谣从古流传至今,可见世人对摇钱树的钟爱。

金钱豹

2 避邪钱(压岁钱、佩钱)

3 儿童游戏钱

> **小·贴士**
>
> 儿童游戏钱上的图案主要是捉蛐蛐、放风筝、捉迷藏,也有演傀儡戏。

4 婚嫁钱

龙凤呈祥图，寄托着人们的美好愿望。

5 罗汉钱

罗汉个个神通广大，寿命无疆，为人们所羡慕。历代帝王都梦想成为罗汉，康熙皇帝是其中之一。康熙五十一年（1712年），正值康熙皇帝玄烨六十寿辰，大臣们为了给皇帝庆寿，铸造了一批特殊的"康熙通宝"。

6 神话传说钱（如：西游记、四神兽）

哪个是孙悟空、哪个是唐僧呢？

❼ 祈福祝寿钱

❽ 八卦钱

小·贴士

八卦是中国传统文化象征天地自然万物的基本符号。人们佩带"八卦钱",借以镇压邪气,避灾免祸,祈求平安。清朝中后期,民间风俗还把"八卦钱"缝缀在小孩的衣帽上,保护小孩平安成长。

小·贴士

自古以来,人们对永生长寿有着强烈的愿望。长寿富贵吉祥语钱,书法楷体兼有魏碑之风,其中"富"字省点不出头,取"富贵无顶永无尽头"之意。

❾ 八仙钱

idea
小·游戏   钱币的民俗文化

用彩笔将这七种钱的文字画在下面的摇钱树上
1. 八卦钱 2. 避邪钱 3. 儿童游戏钱 4. 婚嫁钱 5. 神话传说钱 6. 罗汉钱 7. 祈福祝寿钱

小·贴士

"八仙"是我国道教奉祀的神仙。"八仙"神通广大，法力无边。压胜钱中有展示"八仙"及所持法器图案的(暗喻"八仙"人物)，象征吉祥喜庆。

最美银行logo（标志）评选

 **评一评** 最近有家金融杂志要进行一次最美银行logo评选。

请参考右边的银行名称说出每一种标志所对应的银行，并选出你心中最美的那个银行logo（标志）。

❶ ❷ ❸

❹ ❺ ❻

❼ ❽ ❾

❿ ⓫ ⓬

⓭ **Bank** ⓮ ⓯

广发银行　华夏银行　建设银行

江苏银行　交通银行　民生银行

农业银行　浦发银行　招商银行

中国银行　中信银行　中国人民银行

紫金银行　光大银行　工商银行

货币文化·钱币的管理文化

小贴士

各种类型的银行

1.**国有大银行**：工行、农行、中行、建行、交通银行等，大型银行网点众多；

2.**全国性股份制银行**：民生、浦发、深发、广发、中信、光大、华夏等，在大城市普遍设立网点，机制灵活；

3.**地方商业银行**：浙商银行、江苏银行、北京银行、上海银行、济南商行等，地方性银行，服务范围仅限于行政区域内；

4.**专业银行**：农业发展银行、进出口银行、国家开发银行等，仅服务于专业性范围，不以营利为目的。

idea 画一画

画出你心中最美的银行标志，并努力将设计与银行的名称、业务范围、性质等相联系，力求简捷、巧妙。

idea
试一试 画出中国建设银行的标志,并上网查一查建设银行在本地有哪些网点。

六合区
浦口区
栖霞区
江宁区
溧水区
高淳区

中国建设银行标志含义

中国建设银行标志以古铜钱为基础,呈内方外圆图形,有着明确的银行属性,着重体现建设银行的"方圆"特性。方,代表着严格、规范、认真;圆,象征着饱满、亲和、融通。

图形右上角的变化,形成重叠立体的效果,代表着"中国"与"建筑"英文缩写,即两个C字母的重叠,寓意积累,象征建设银行在资金的积累过程中发展壮大,为中国经济建设提供服务。

图形突破了封闭的圆形,象征古老文化与现代经营观念的融会贯通,寓意中国建设银行在全新的现代经济建设中,植根中国,面向世界。

标准色为海蓝色,象征理性、包容、祥和、稳定,体现国有商业银行的大家风范,寓意中国建设银行像大海一样吸收容纳各方人才和资金。

中国建设银行
China Construction Bank

idea
做一做

上网查一查中国银行在本地有哪些网点。

中 BANK OF CHINA 中国银行

中国银行行标于1986年经中国银行总行批准正式使用。

银行标志由香港靳埭强先生设计,采用古钱与"中"字为基本形,古钱为圆形,中间方孔,上下垂直线,成为"中"字形状,寓意天方地圆,经济为本,颇具中国风格。

六合区
栖霞区
浦口区
江宁区
溧水区
高淳区

idea
我创意

设计新成立的帮助贫困生就学的教育银行logo,要求有创意、简洁、便于识别、造型美观、色彩鲜艳,写出自己的设计理由。

我到银行存钱

想一想 idea
有了压岁钱应该放哪儿呢？

问一问 idea
小朋友能否直接到银行存钱呢？

BANK

Enjoyable Economy

小贴士

银行存款不仅可以避免钱款丢失，而且还有利息，起到保值的作用。也有利于家庭计划安排收支，留有后备，改善生活。同时也可以让银行集中钱款帮助需要用钱的人和单位。

小档案

根据银行有关规定，居住在中国境内的16岁以下的中国公民应由监护人代理开立个人银行账户，开户时要出具监护人的有效身份证件以及账户使用人的居民身份证或户口簿。

我了解 idea

存钱的步骤是什么?

第一步:在国内要带上自己的身份证(必须是存款人自己的)。

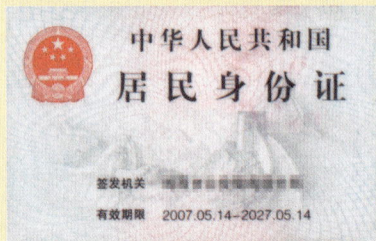

在国外带上自己的护照

第二步:带上钱和自己的银行卡(含信用卡和借记卡),到国外需要带信用卡。

信用卡

借记卡

第三步:在叫号机上点击个人业务取排队的条码。

第四步:找保安或大堂经理要存款单,填写存款单的日期、银行卡卡号、银行卡持有人姓名、金额、存款人姓名、存款人身份证号码。

第五步:填好后等待对私柜台叫号,把钱、银行卡、自己的身份证和存款单递给柜台人员。

我实践

第一次 现金存款

存入的是8万元,如何填写单据呢?

请你提供你的现金和存款单据

小·贴士

注意:为了避免简体数字1234567890不清楚或容易添加更改,银行要求写钱数时大写。

考一考

第二次 支票存取

金额是1803115元,大写是写成:壹佰捌拾万零叁仟壹佰壹拾伍元整,还是写成:壹佰捌拾万叁仟壹佰壹拾伍元整?

范例

壹亿贰仟叁佰肆拾伍万陆仟柒佰捌拾玖

1 2 3 4 5 6 7 8 9

第三次 跨行存取

将建设银行卡里的800元转入中国银行卡,这样就是跨行取款,还需要收取手续费,算一算手续费是多少?

idea 我阅读

1、牡丹灵通卡 中国工商银行

异地ATM取款: 异地本行ATM取款手续费为每笔取款金额的1%,最低1元,最高50元;异地跨行ATM取款每笔手续费为2元+取款金额的1%,1%部分最低1元,最高50元。

异地取款手续费: 按取款金额的0.5%收取手续费,最低1元,最高50元。

2、长城电子借记卡 中国银行

异地ATM取款: 异地本行ATM取款每笔10元;异地跨行ATM取款每笔手续费为12元。

异地取款手续费: 只能在异地ATM机上取款。

3、龙卡储蓄卡 中国建设银行

异地ATM取款: 异地本行ATM取款手续费为每笔取款金额的1%,最低2元;异地跨行ATM取款每笔手续费为2元+取款金额的1%,1%部分最低2元。

异地取款手续费: 按取款金额的0.5%收取手续费,最低2元,不设上限。

其他银行请上网查询
网址:http://www.kuaiji.com/news/3094750

第四次 本票支付

由于这一笔钱数额较大,8万元,我想用本票的方式支付给对方,该怎样办呢?

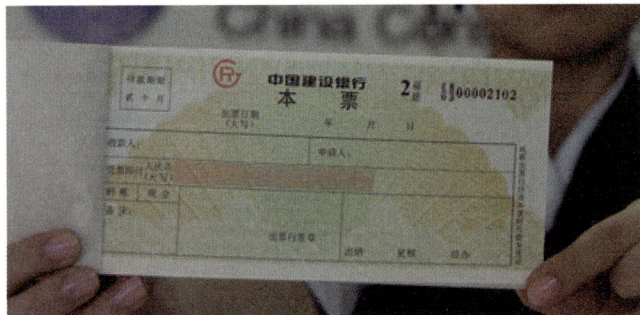

小·贴士

我国《票据法》对本票的定义,指的是银行本票,指出票人签发的,承诺自己在见票时无条件支付确定金额给收款人或者持票人的票据。

idea 我总结

银行存款的步骤:

表哥购买新房

想一想 *idea*

表哥购买新房，新房每平方米价格10000元，共100平方，总价100万元。现在手里一共有40万元。剩下的钱怎么解决呢？

写一写 *idea*

你会选择什么借款方式呢？说说你的理由。

方法一 向别人借钱

方法二 向银行借钱

小贴士

向银行借钱	向亲戚朋友借钱
优点：借款还款清清楚楚，不会欠任何人人情。还款时间、钱数可以根据自身情况调整。不会麻烦别人。	**优点：**比去银行借钱的手续简单，拿到借款时间较短，利息可能较低或者没有利息。还钱的时间可以自己控制。
缺点：利息高，手续慢，审批时间较长。	**缺点：**容易与借款人发生矛盾，欠别人人情。

idea 选一选

在公积金贷款和商业贷款之间，表哥决定选择公积金贷款。为什么?

住房公积金是指单位及其在职职工缴存的长期住房储金。购房可使用住房公积金，公积金贷款利息较商业贷款低，开始时还款额也比等额本金法低。

idea 我尝试

① 向管理中心申请提取公积金。由银行放贷。

小·贴士

公积金贷款程序图

贷款申请 ▶ 公积金中心审批 ▶ 银行审批 ▶ 签定合同 ▶ 抵押 ▶ 放贷 ▶ 还款 ▶ 清户

② 表哥能用公积金贷款多少钱呢?

算一算

小·贴士

可贷款金额=[(借款人月工资总额+借款人所在单位住房公积金月缴存额)×还贷能力系数−借款人现有贷款月应还款总额]×贷款期限(月)。(其中还贷能力系数为40%)

月工资总额=公积金月缴额÷(单位缴存比例+个人缴存比例)。

根据本地政策目前首套房公积金每人可贷30万，最长贷款时间20年。

🏠 **个人住房公积金贷款额度查询**

住房公积金个人月缴存额	¥ 0 元
缴存比例	8 %

不知道缴存额与缴存比例?询问人事或到这里查询

配偶公积金个人月缴存额	¥ 0 元
缴存比例	8 %
房屋估价或实际购房款	¥ 元
房屋性质	○政策性住房 ●其他
贷款申请年限	🕐 20 年

注：贷款期限最长可计算到借款人70周岁，同时不得超过30年。

个人信用等级 ○AAA级 ○AA级 ●其他

计算

南京住房公积金管理中心网站

③ 公积金贷款后，钱还不够怎么办？

不够的钱还可以通过商业贷款，自己可以挑选合适的商业银行。

想一想 idea

商业贷款	
期限	年利率（%）
1年以内（含1年）	4.85
1~5年（含5年）	5.25
5年以上	5.40
公积金贷款	
5年以下（含5年）	3.00
5年以上	3.50

小贴士

　　商业贷款是中国人民银行批准设立的商业银行和住房储蓄银行为城镇居民购买自用普通住房提供的贷款，执行法定贷款利率。

我探究 idea

商业贷款利息是多少？商业贷款多少才合理呢？

① 如果贷款30万，20年偿还，还款利息是多少？

② 如果贷款30万，5年偿还，根据商业贷款处利率表，请计算，还款利息是多少？

问一问 idea

　　商业贷款中，银行需要贷款人准备哪些资料呢？

① 银行需要提供个人信用报告。

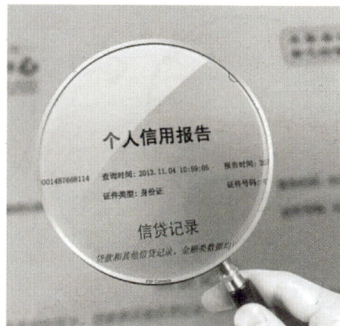

个人信用报告

信贷记录

逾期还款

逾期还款

逾期还款

个人信用档案

小贴士

　　个人信用报告是全面记录个人信用活动，反映个人信用状况的文件。个人信用报告由信用报告名称和信用报告内容组成。信用报告内容包括信用报告头、信用报告主体、信用报告说明三个部分。

考一考

根据表哥的每月生活开支，说一说他应该如何确定房贷的金额和贷款年限。

饮食

朋友

服装

工资

通信

书籍

交通

租房

房贷？

2 银行需要贷款人提供收入证明。

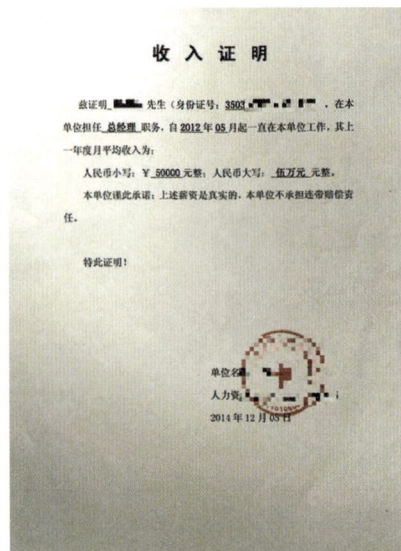

收 入 证 明

兹证明 ███ 先生（身份证号：3503██·██·██），在本单位担任 总经理 职务，自 2012 年 05 月起一直在本单位工作，其上一年度月平均收入为：

人民币小写：￥ 50000 元整；人民币大写： 伍万元 元整。

本单位谨此承诺：上述薪资是真实的，本单位不承担连带赔偿责任。

特此证明！

单位名称
人力资源
2014 年 12 月 05 日

问一问

商业银行根据什么决定表哥贷款多少呢？

想一想 如果表哥的月工资为4000元，那么他每月能拿多少钱还贷呢？

小贴士

贷款需要结合收入来确定，合理的做法是每月还款额不超过本人或家庭收入的三分之一。

给外地上学的表姐汇生活费

小·故事 *idea*

甜甜考上了外地的大学,她妈妈在思考每个月的生活费怎样带方便、安全。

附:银行柜台办理汇款业务流程

1. 到柜台领取"汇款单",填写收款方银行账户、汇款金额等资料信息。

2. 汇款人将填妥的表格和本人身份证,以及人民币交给银行业务办理人员。

3. 业务办理人员出具汇款确认单,汇款人签字,汇款人收到汇款反馈表单。

第一个月:甜甜直接带现金,发现不方便,还要每月回家拿一次,路上也容易遗失。

第二个月:开始汇款,她爸爸就在家这边的邮政银行通过柜台汇款到她开的帐户上,可是柜台汇款排队的人很多,常常要花一个小时以上,而且还要填写各类表格。

第三个月：感觉柜台汇款还是不方便，于是就到自动汇款机汇款。

在表姐的开户行，她爸爸在自动汇款机上认真输入卡号，核对姓名正确后，将钱投入汇款机，很快就收到表姐发来的"钱已到账"的短信。

第四个月：可是，表姐有一次急需5000元外出参观学习，父母又没有空去银行汇款，只好跟同学暂借一下。于是她妈妈到银行咨询，银行建议她给自己的账户开通网上银行，用手机进行汇款，可以24小时随时汇款，每天总额在5万元以内，她急忙办了一个。

idea 问一问 到离家较近的银行去问一问汇款的手续费。

汇款的手续费

很少有人注意到各银行间的手续费相差很大，通过给表姐汇款，发现不同方式的手续费各不相同。如目前邮局汇款低于100元时，统一收取手续费2元，超过100元时按汇款金额的1%收取费用。银行手续费用：分为存款汇款和电子汇款两种，存款汇款最低手续费1元，超过1000元，按0.5%收取费用。

idea 试一试

开通手机银行

❶ 表姐在百度手机应用中下载"中国建设银行"客户端。

❷ 下载完成后，选择任意一种方式安装到手机上。

❸ 打开手机数据开关,然后运行"中国建设银行"手机客户端,输入身份证号和密码进行登陆,登陆完成后,点击"转账汇款",在新界面中根据需要选择合适的业务种类。

我的账户	转账汇款	缴费支付	信用卡	个人贷款	投资理财	客户服务	银医直通	分行特色
快捷转账	同名账户互转	单笔转账	批量转账	收款方管理	票据汇款	自动转账	个人资金汇集	

柜台汇款

网上银行

手机银行

"银行票汇"

小·贴士

什么是票汇

票汇是指汇出行应汇款人的申请,代汇款人开立以其分行或代理行为解付行的银行即期汇票,支付一定金额给收款人的一种汇款方式。

第五个月:表姐的妈妈收到一条短信——女儿被车子撞了,需要立即汇款到医院救助。

?!?

我是老师,你女儿在抢救,快汇五万元去……

车祸!!

idea
想一想

这个短信有没有假? 该不该立即汇款?

idea **我探究** 假如汇款受骗，我该怎么办？

idea **问一问** 如果钱款汇错了账号，还有机会把钱收回来吗？

同一家银行之间的汇款，出现了账户号和户名不一致的情况，银行工作人员立即就会提醒客户更正，这样出现汇错钱的几率非常小。

跨行汇款。如果账户和用户名不一致，对方银行就会将钱通过大小额支付系统打回汇款银行的系统待销账，汇款银行将根据实际情况联系汇款的客户，或者直接将钱返回该客户的账户。

除非客户错误填写的银行账号和户名恰好能对上。如果汇进了陌生人账户，客户应立即报警。

小贴士

保留好你汇款的银行回执，因为这里记录了对方帐号、汇款款额和汇款时间（这可都是证据），然后打110报警，警察会帮你追回被骗钱款，根据警方的建议再去联系银行的执法机构！

小贴士

汇错钱的主要原因是填错了银行账号，或者写错了户名，或者两者都填错了。

信用卡让我们出国旅游真潇洒

小·知识 idea

你知道信用卡卡面上的信息内涵吗?

正面

背面

地区号　卡号　有效期　称谓　　　发卡行标识

卡片磁条,请注意保护,不要磁化或划伤　　紧急服务热线

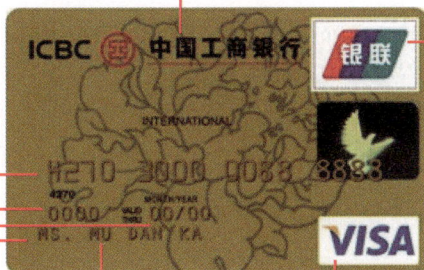

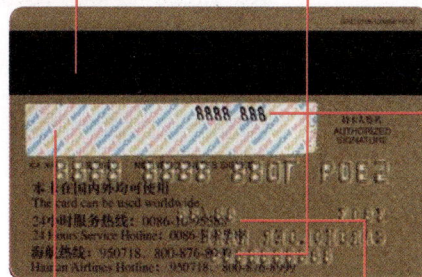

3位数的校验码用于某些网上交易的身份验证。

姓名拼音/英文姓名　　国际组织标识　银联标识

签名处(请收到卡片后马上签名)　　24小时客服热线

小·贴士

信用卡和借记卡有什么不同呢?

1. 信用卡正面印有持卡人的名字拼音,而储蓄卡正面没有持卡人姓名拼音。

2. 信用卡的卡号数字都是凸印的,而储蓄卡上大多数都是平面字体。

3. 某些双币信用卡正面有VISA或者Master标记,储蓄卡则全部没有。

4. 信用卡签名栏都有7位数字,而储蓄卡大部分没有

5. 信用卡背面都有激光防伪签,而储蓄卡几乎都没有。

6. 信用卡可以自由兑换外币,而且还可以有透支的额度。

7. 信用卡存款没有利息,借记卡没有透支额度,只能使用存款消费,但存款以活期计算利息。

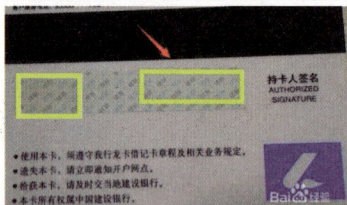

idea **我实践**

暑期欧洲旅游

idea **画一画**　从中国到欧洲的旅游线路

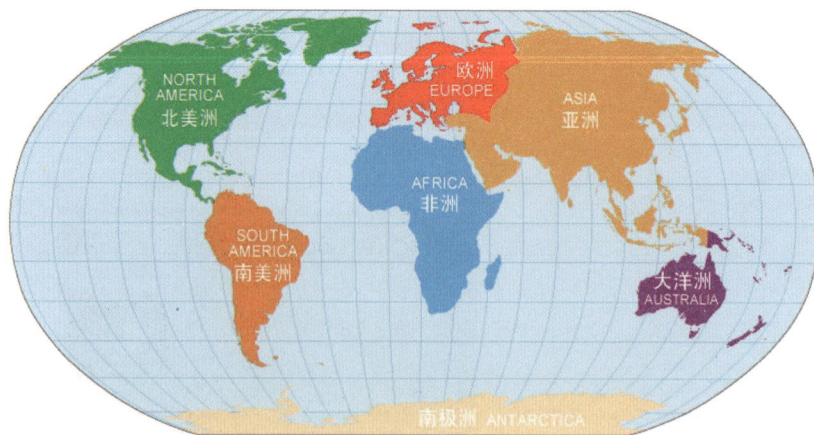

idea **我思考**　暑期出国旅游我应该怎样带钱呢?

我体验

我计算

到欧洲旅游，喝星巴克咖啡2杯，消费10欧元；购买了20欧元的洋娃娃；6只埃菲尔铁塔纪念模型，每只5欧元；2盒巧克力，每盒3欧元；共花了多少欧元？根据当天的欧元兑人民币汇率，折算花掉人民币多少钱呢？

小贴士

1欧元=7.2736人民币元
1人民币元=0.1375欧元

更新时间 2016年3月23日

问一问 idea

在国外用信用卡消费,是否想刷多少钱,就能刷多少钱呢?

查一查 idea

每张信用卡每个月都会反馈给办卡人一张信用卡对账单,告知详细信息。你能看懂吗?

招商银行 信用卡	电子账单		
账务总览　账务明细　我的积分　优惠活动	成为我们的粉丝		2013年12月

青卡明细　⬇点击下载账务明细

● 人民币账户 RMB A/C

本期还款总额	=	上期账单金额	−	上期还款金额	+	本期账单金额	−	本期调整金额	+	循环利息
1,494.84		44.34		50.00		1,500.50		0.00		0.00

交易日 Trans Date	记账日 Post Date	交易摘要 Description	人民币金额 RMB Amount	卡号末四位 Card Number (last 4 digits)	交易地点 Country /Area	交易地金额 Original Trans Amount
	1120	本行柜面转账还款	¥ − 50.00	8972	UK	−50.00
1117	1118	支付宝（95188）	¥ 140.00	8972	UK	140.00
1120	1121	支付宝（95188）	¥ 490.00	8972	UK	490.00
1123	1124	支付宝（95188）	¥ 200.00	8972	UK	200.00
1123	1124	支付宝（95188）	¥ 600.00	8972	UK	600.00
1124	1125	铁路	¥ 60.50	8972	UK	60.50
1127	1128	百付宝（4008988855）	¥ 10.00	8972	UK	10.00

● 美元账户 USD A/C

本期还款总额	=	上期账单金额	−	上期还款金额	+	本期账单金额	−	本期调整金额	+	循环利息
216.49		0.00		0.00		216.49		0.00		0.00

交易日 Trans Date	记账日 Post Date	交易摘要 Description	美元金额 USD Amount	卡号末四位 Card Number (last 4 digits)	交易地点 Country /Area	交易地金额 Original Trans Amount
1121	1124	URBAN-BRAND GMBH	$ 140.29	8972	DE	101.96
1121	1124	SA SA DOT COM LTD　00200	$ 76.20	8972	HK	76.20

小贴士

　　每张信用卡都有信用卡额度,就是所持信用卡可以使用的最大金额。一般情况下,普卡固定额度范围￥1000元~￥10000元,金卡固定额度范围￥10000元~￥50000元。白金卡的额度一般是￥50000元的固定额度加每月调整的临时额度。

　　信用卡额度取决于个人提供的有效收入和资产担保价值。申请人收入越高,担保资产越多,获得的额度越高。反之,信用卡的额度也会较低。

填一填 idea

交易日 _____

还款日 _____

支出合计 _____

小贴士

温馨提醒

　　逾期不还款,既要接受罚款,又会影响你的信用记录哦。

问一问 idea

回国后如何还信用卡上透支的钱呢?

听故事学理财

故事一

idea

一位父亲，把他的财富交给三个儿子。给了大儿子5000两，给了二儿子2000两，给了小儿子1000两。

过了一年，大儿子通过做生意，除了原来的5000两，又另外赚了5000两。

二儿子也去做生意，结果却亏损了1000两，现在只剩下1000两银子了。

三儿子把那1000两银子埋藏在园地里了。1000两银子没多也没少。

爷爷给我们讲故事

爷爷问：你们认为谁最会理财呢？

写一写

idea

小贴士

理财是有风险的，会赢也会亏。但是如果不去理财，仅仅是保管钱财，那么随着物价的上涨，财富已经在贬值。

故事二

idea

一位父亲给了每个儿子10万元。

大儿子在新城区买了一套门面房，并又向银行贷款5万元。门面房价格不断上涨，大儿子又将门面房以高价出租，每月都有一笔丰厚的租金。

二儿子把父亲给的钱，买了股票。股市大涨时，他的钱几乎涨了3倍。但是，他由于太贪心，而没有及时抛售股票。结果，股灾突降，二儿子的钱损失过半。

三儿子用父亲给的钱，买了一辆汽车。开车要买汽车保险，每天还要花汽油费，停车要有停车费，过收费站也要交过路费……三年后，汽车的价格也比购进时折损了将近一半。

读了这个故事，你有什么感受呢？请把你的感受写下来。

小贴士

理财就是钱生钱，小钱生大钱。理财投资有眼光，财富会越积越多。理财切忌过于贪心。高收益的投资也伴随着高风险。高消费不能增加自己的财富。

理财超市

故事三

一位富人告诉穷亲戚："我送你一头牛，你好好地开荒，春天到了，我再送你一些种子，你撒上种子，秋天你就可以获得丰收、远离贫穷了。"

穷亲戚满怀希望开始开荒。可是没过几天，牛要吃草，人要吃饭，日子反而比以前更难过了。他就想，不如把牛卖了，买几只羊。先杀一只，剩下的还可以生小羊，小羊长大后拿去卖，可以赚更多的钱。

当他吃完一只羊的时候，小羊还没有生下来，日子又开始艰难了，他忍不住又吃了一只。他想这样下去不行，不如把羊卖了换成鸡。鸡生蛋的速度要快一点，鸡蛋可以马上卖钱，日子就可以好转了。

他忍不住又杀鸡了，终于杀到只剩下一只鸡的时候，他的理想彻底破灭了。他想致富算是无望了，还不如把鸡卖了，打一壶酒，三杯下肚，万事不愁。

春天来了，他依然一无所有，借酒消愁。

小贴士

一位名人曾经说过：没钱时，不管怎么困难，也不要动用积蓄，要养成好的习惯，压力越大，越会让你找到赚钱的机会。

很多陷入困境的人都有过梦想，甚至有过机遇，有过行动，但要坚持到底却很难。

我了解

基金
国债
炒金
炒股
储蓄
债券
保险
外汇
理财产品

理财产品
资金
股市
银行

idea 我尝试 现在的邮票市场很火,我也准备购买一些进行理财。

idea 问一问 这张原价8分的猴票现在市场价格是多少?

小常识

投资邮票的三步骤

投资邮票由于与邮资票品的收藏价值息息相关,应从邮票的题材、发行量、消耗量、存世量、印制、设计以及广大百姓的亲疏角度选择。

一、选择要投资的邮票,把握三个要素,即题材内容好、发行量或存世量少、流通性好。如猴票。

二、品相各有学问,邮票的品相一般分为七级,即极优品、最上品、上品、次上品、中品、下品和劣品。

三、邮票保存颇有讲究,收集进邮册的邮票,不要经常移动,以免齿孔和四角受到损伤。

小贴士

庚申年是1980年,该年是猴年,这一年2月15日邮电部发行了编号T46的《庚申年》(红猴)邮票,一套1枚,面值8分,邮票规模26×31mm,齿孔11.5度,全张枚数8×10=80枚,印量500万枚(但是其实际发行量估计只有360万枚),影雕套印,原画作者黄永玉,设计者邵柏林,雕刻者姜伟杰,由北京邮票厂印制。2011年,这一版猴票的市值已经疯涨至近120万元的天价,创造了邮票增值的世界性神话。

idea 我展望 未来的金领职业——理财规划师

理财规划师是指运用理财规划的原理、技术和方法,针对个人、家庭以及中小企业、机构的理财目标,提供综合性理财咨询服务的人员。

中华人民共和国人力资源和社会保障部(原劳动和社会保障部)制定了《理财规划师国家职业标准》。

理财师的十点理财提示

1. **少花多赚** 赚得再多也禁不住花钱如水,平常要节省。
2. **建立预算** 不管有钱没钱,明确自己的收支状况绝对是明智之举。
3. **警惕信用卡** 信用卡使用不当是理财大敌,不良的信用记录是大麻烦。
4. **长远投资** 比如退休基金、储蓄、债券,种类纷繁,各有特点。
5. **工作福利** 医疗保险、节日红包、升职加薪等福利。
6. **人身保险** 人身保险才是最重要的。
7. **聪明消费** 合理的购物原则是清楚什么是可有可无的,什么是必须的。
8. **控制金钱** 关注当下的财政状况,谨慎提前消费。
9. **重视退休** 从现在起为退休后存钱,每月将收入的5%到10%存入银行。
10. **剔除误区** 穷人也能理财,只要养成好习惯,钱能生钱。

理财规划师的八项工作

理财

现金规划	消费支出规划	教育规划	风险管理与保险规划	税收筹划	投资规划	退休养老规划	财产分配与传承规划

小贴士

据了解,美国理财规划师的平均年收入是11万美元,香港理财规划师去年最高收入达200多万港元。国内理财规划师的年薪(预计)"应该在10万到100万元人民币之间"。

职业资格证书

中华人民共和国

职业资格证书

中华人民共和国劳动和社会保障部印制

我来开淘宝店

我设想 我有一些旧的玩具，扔了太可惜，如果能在淘宝网上开个网店卖了就好了。

我尝试 我和爸爸妈妈一道尝试在淘宝网上开个店。

小贴士

淘宝开店的五大准备

■资料准备：手机、银行卡、身份证
■账号注册
■实名认证
■上架商品
■店铺的美化装修，宝贝的分类归类

① 打开浏览器,打开淘宝,在浏览器右边,点免费注册。(图一)

② 弹出对话框,并按要求填写,最重要的是手机验证一定要填爸爸妈妈的手机号码,以便获得验证码。(图二、图三、图四)

图一

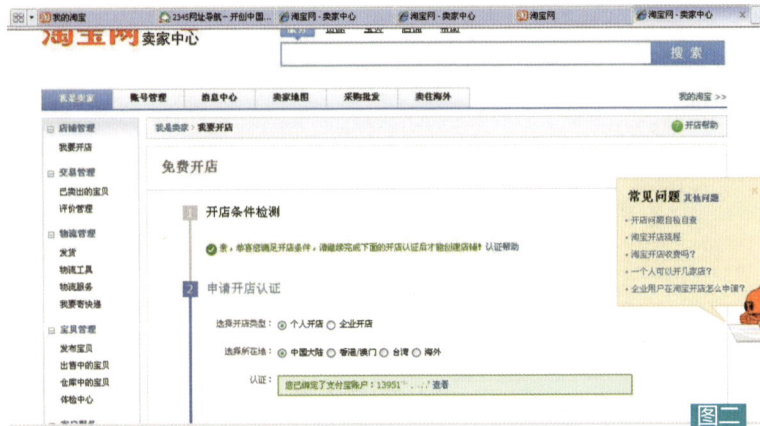

图二

图三

图四

❸ 你的手机会收到验证码，填进去，注册成功。

图二

① 完善宝贝基础信息

② 上图上真相

③ 宝贝故事描述

❹ 可以免费开店了，上传你的宝贝，对外出售了哦。

出售旧台灯

图一

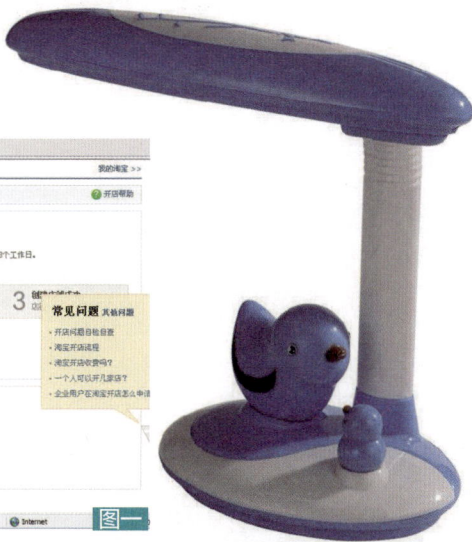

图三

淘宝二手
2.taobao.com

✅ 宝贝发布成功！

购和置不用缴纳保证金，请警惕骗子买家提示无法完成付款，通过其他旺旺或邮箱诱导缴纳保证金的行为。了解防骗技巧

图四

我阅读

idea

12岁的刘洋自己设计网页开网店盈利万余元

刘洋2012年开了卖监控设备的店面。他拿妈妈杨小叶的身份证注了册,开起了淘宝店。

接到第一单生意是在8月10日。当刘洋通知妈妈要发货时,杨小叶不敢相信,"你开玩笑,就是在玩我吧",反复确认后,杨小叶才发现这是真的。

此后,刘洋淘宝店的订单几乎每隔一周都会有,半年内竟有了一万元的收入。

对于自己的成功经验,刘洋头头是道地总结说:店面版式要好看,产品摆放必须显眼,当然发货要快,产品得有保障,另外就是要经常举办促销活动。

刘洋利用赚到的钱给妈妈买了按摩器,下学期则希望能自己交学费。

南都网

想一想

idea

小朋友们,你们想尝试自己来开个淘宝店吗?开店过程中还会遇到什么问题呢?

小贴士

淘宝开店是免费的,不收取任何服务费用。一张身份证只能开一个淘宝店铺哦。

体验支付宝的神奇

想一想 农村的奶奶深夜突然病倒，急需治病。而银行夜间不营业。如何让奶奶拿到治病钱呢？

我了解 什么是支付宝？

2004年12月，马云创立第三方网上支付平台——支付宝。

支付宝(中国)网络技术有限公司是国内领先的第三方支付平台，致力于提供"简单、安全、快速"的支付解决方案。

支付宝主要提供支付及理财服务。包括网购担保交易、网络支付、转账、信用卡还款、手机充值、水电煤缴费、个人理财等多个领域。在进入移动支付领域后，为零售百货、电影院线、连锁商超和出租车等多个行业提供服务。还推出了余额宝等理财服务。

我建议 妈妈在奶奶身边，我建议爸爸用支付宝给妈妈汇款。

支付宝

余额宝 转帐 信用卡还款 当面付
水电煤 手机充值 彩票 机票
淘 点 记帐本 更多
水电煤 手机充值

怎样开通支付宝

❶ 打开 http://alipay.com （官方唯一网址，不要找错地方了，ali ——阿里，pay——支付）。

❷ 点击新用户注册。

❸ 选择手机注册或E-mail注册。

❹ 输入可以接受短信的手机号码，用E-mail注册的请输入E-mail，自己的真实姓名，登录密码等，然后同意协议并提交。

❺ 用手机注册支付宝的手机上会收到一条短信，里面包含验证码。用E-mail注册的验证码在邮箱里面。在网页上输入验证码，提交。

妈妈的手机提示银行卡上收到了**5000**元的汇款，妈妈可高兴了，妈妈回了一个短信："奶奶及时住院，请放心！孩子长大了，懂的知识更多了，好好学习。"

小贴士

支付宝汇款的优点和缺点

优点 足不出户、省手续费、及时快捷、24小时随时汇款；

缺点 需要开通网上银行，容易出错，手机上的账号、密码容易被盗或泄露。

我体验

春节，爷爷用"支付宝"给我发了一个大红包，是发到我爸爸手机上的。

●●●●● 中国移动 🛜　上午10:10　🔋 100%

‹ 支付宝　　**新春红包**　　红包消息

个人红包　　接龙红包

讨红包

群红包　　面对面红包

红包玩法介绍

我尝试 怎样从支付宝将红包提现呢?

❶ 打开支付宝钱包,点击【探索】。

❷ 找到红包,点击它。

❸ 打开红包,注意支付宝发的红包有有效期哦,在有效期内转出去或者消费掉。

❹ 点击下方的【转入余额宝】。

❺ 显示转入成功后,打开余额宝。

❻ 红包已经转入了余额宝,那么在余额宝下面点击【转出】,需要注意的是余额宝在白天转到账的速度要快一些哦,2个小时内到账,要是八点以前或者晚上转出的话现在是2个工作日才到账哦。

❼ 设置银行卡,转入即可。

我探索 支付宝还有哪些神奇的功能呢？

购物

送花

打车

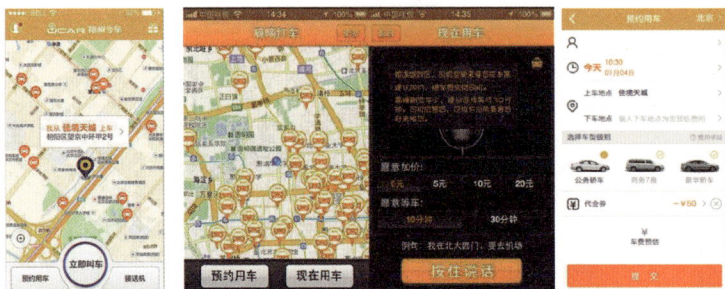

电影预约

购买火车票

试一试 用支付宝购买一本书。用你爸爸或者妈妈的手机和银行卡，你应该怎样在网上购买图书呢？

老街古玩店游记

idea 我欣赏

爷爷带我去古镇老街买古玩。

?

汉代玉镯

元代青花瓷

唐代名画

考一考 idea

你知道这些古玩的价格吗？

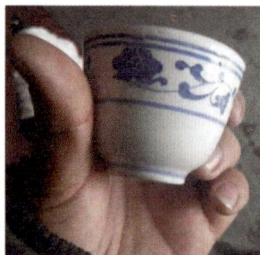

古玩是什么？

小贴士

人们珍视古代的器物。这些先人留给我们的文化遗产、珍奇物品上面沉积着无数的历史、文化、社会信息，而这些信息是任何一件其他的器物所无法取代的。因为古董可以作为一种玩物，所以后来我们也称之为"古玩"。

我思考 idea

爷爷小时候家中有一块和田玉，为了生存，置换了2块银元，现在却值30万元。为什么在不同社会时期和田玉的价值不一样呢？

我经历 idea

爷爷途经一院落，见到两个农民拉着一个蛇皮袋子在争吵。看两人摸样——浑身上下满是泥土，像在工地上打工的。打开蛇皮袋，里面有四件青瓷碗。据爷爷目测，青瓷碗口径大约12厘米，高6厘米，包浆自然，沁色浑朴，绘画精致，对于瓷器爷爷没有多少鉴别能力，但想到刚从地里挖出来的，上面还沾着泥，应该很贵重吧。年长农民说，他在古玩城见过，是宋朝汝窑的青瓷碗，至少要几十万。爷爷以九万元钱买得这四件宝贝。

专家对那四件瓷器仔细鉴别后说，虽然这四件瓷器品相完好，釉色光新，可它决不是真品，而是高仿品，不过工艺堪称精湛。现在在市面上大约能值五六百元钱。爷爷听完后傻眼了。都是不懂古玩惹的祸。

古瓷

小贴士

汝窑居宋以来中国五大名窑之首，从1086年到1106年，只有二十年的烧造史，昙花一现的汝窑，在全世界的范围内，只留下不足七十件完整器物。

投资者购买古玩要注意几个"不要":

❶ 不要超过自己的经济实力去买古玩,也不要借款搞收藏;

❷ 不要涉足自己不熟悉的领域,不要凭一时冲动购买价高的藏品;

❸ 不要到光线暗淡处看器物,"灯下不看货"是行家的经验之谈,看货最好在自然光下看;

❹ 不要相信"眼见为真",有的人以为亲眼看见在墓地现场挖出来的就是"真品",其实这可能是预先设好的陷阱。

idea 我阅读

故事一　捡漏

大名鼎鼎的古玩大王李有臣来到一家古玩店。突然发现,靠墙角旮旯处摆放着一个不起眼的破罐子。

仔细一瞧:哦哟,这罐子背面有一个冲天的大裂缝,并且底部还缺损了一块……凭他的直觉,李有臣判断这罐子用的是"苏麻离青料"。而这种青花料是典型的明代早期的瓷器特点。他花了2000块钱从店主那里将罐子买了下来。

1个星期后,老李把这个罐送到拍卖行,预展标价是——45万!最后这个"破罐子"被一个浙江商人买走了,成交价格是多少?138万!

idea 我尝试 瓷器的正品和仿品,你能辨别真伪吗?

李有臣买古玩为什么会赚钱 ?

小贴士

捡漏:古玩藏家购买古玩时,卖主不懂出售的古玩价值,对好东西不重视,随意贱卖掉了,因而被购买人拣了便宜。这就叫"捡漏儿"。

故事二

2003年10月佳士得拍卖公司拍卖会上，明朝唐伯虎的画《晚风渔艇图》以人民币422.2775万的高价拍出。

故事三

2013年4月26日，法国皮诺家族宣布将向中方无偿捐赠流失海外的圆明园十二大水法中的青铜鼠首和兔首。这是北京圆明园流失的十二生肖青铜像中的两件。

读了这些故事，你对古玩有什么新认识和新感受呢？

小贴士

圆明园十二生肖兽首铜像原为圆明园海晏堂外喷泉的一部分，是清乾隆年间的红铜铸像。1860年英法联军侵略中国，火烧圆明园，兽首铜像开始流失海外，到2012年为止牛首、猴首、虎首、猪首和马首铜像已回归中国，收藏在保利艺术博物馆。

我们为山区小朋友去"义卖"

山区的很多小朋友跟我们一样大，但是却围在破旧的教室里，没有新课本，没有新书包。他们很多人甚至从来没有听说过冰淇淋、饼干。让我们一起手拉手帮助他们吧！

想一想
可以通过什么方式帮助他们？是给他们捐款合适还是捐物好呢？

小贴士
爱心如何表达？捐钱和捐物都可以采用，相比较捐钱方便。
如果是捐衣物，它的过程包括接受、分类、挑选一些可用物品、消毒、打包、邮寄、保管、分配等。

议一议 idea
如何筹款捐钱呢？说说理由？

向父母要钱 **1** ？	拿出自己的压岁钱 **2** ？	做家务劳动挣钱 **3** ？
卖掉自己闲置物品变现金后再捐款 **4** ？	…… **5** ？	

我探索 idea
如果选择第四种方式，你将如何卖掉自己的闲置物品？

找朋友兜售 ？	到菜市场临时摊点去销售 ？	举办跳蚤市场，推销自己的物品 ？

小贴士
早期的英国人经常将自己的旧衣服、旧东西在街上卖，而那些旧的东西里时常会有跳蚤、虱子等小虫子。逐渐地，人们就将这样卖旧货的地方叫作flea market。而我们中国人呢，也就直译成了跳蚤市场。人们半开玩笑地说市场内的破烂商品里很可能到处都是跳蚤，该市场因此而得名。

议一议 如何举办跳蚤市场呢?

1 如何通知同学们? _____
A.自己　B.家长　C.老师　D.校长　E.少先队大队长

2 什么日期? _____
A.周一　B.周二　C.周三　D.周四　E.周五　F.周六　G.周日

3 什么地点? _____
A.学校操场　B.公园　C.广场

4 活动多长时间? _____
A.半小时　B.一小时　C.两小时

我实践　根据大家的讨论,请你拟一份邀请同学们前往跳蚤市场参加义卖活动的通知吧。

我思考 如何管理义卖活动

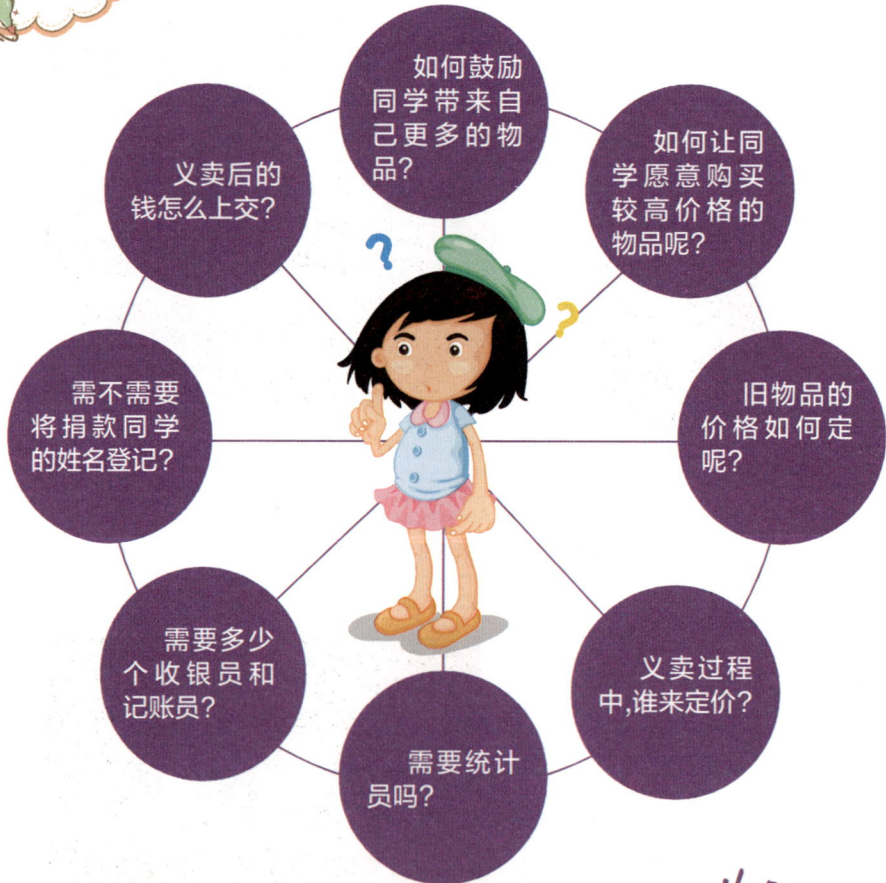

义卖后的钱怎么上交?

如何鼓励同学带来自己更多的物品?

如何让同学愿意购买较高价格的物品呢?

需不需要将捐款同学的姓名登记?

旧物品的价格如何定呢?

需要多少个收银员和记账员?

义卖过程中,谁来定价?

需要统计员吗?

小贴士

怎么进行义卖?
在学校操场上按照班级的区域,开设自己班的跳蚤市场,每个同学将自己喜爱的书籍、玩具等带来,同时还需要带上零钱,义卖活动后的收入捐给组织义卖活动的组织方。

idea 我思考

我怎样才能吸引更多的顾客,卖出更多的商品呢?

小·贴士

1. 可以设计一些义卖标语,做一些漂亮的海报,吸引顾客的眼球。

2. 可以将义卖的场地布置得比较漂亮、特别。

3. 价格设置合理,符合商品的价值,适当开展一些促销活动等。

4. 商品种类比较丰富,实用性较强。

小·朋友们,想要获得更多的义卖款,除了卖出更多的商品,还可以试着将义卖商品的价格提高,你还有什么好·办法吗?

专家建议

❶ 获得潜在顾客的方法:

赞美法

馈赠法

社交接近法

介绍法

反复接近法

服务法

❷ 提高商品卖相的方法:

将商品包装得更漂亮,收拾得比较整洁,可以提高商品的卖相,从而提高价格。还可以写出观看书籍后自己的心得体会,创作字画时的寓意和感受等标在商品上,提高购买者购买的欲望。

金融与社会·义卖

idea 议一议 在义卖中,我该如何讨价还价呢?

idea 想一想 上交义卖所获得的钱款要不要记名呢?写出你的想法和理由哦。

建议小朋友们到网上开一个义卖网店,将挣到的钱寄给山区的孩子们哦。

小贴士 买东西时不要表现出对这个商品很喜欢,将喜悦之情写在脸上,否则卖东西的人肯定会抓住你对商品特别喜欢这一点定高价。对卖东西人的初次报价表现出惊讶,让他觉得自己报高了,这样才会有更大的砍价空间。而且不要轻易说出自己的最高承受价格。

上了财商课,小学生开淘宝店卖手链

小贴士 南京有一个小朋友在淘宝上卖自己手工编织的手链,挣到的钱都寄给了西藏的小孩,供他们上学。

我陪爸爸去买股票

idea
猜一猜

现在是牛市还是熊市？

证券公司的大楼

股市行情显示屏

股票是股份证书的简称，是股份公司为筹集资金而发行给股东作为持股凭证并借以取得股息和红利的一种有价证券。股票可以转让、买卖或作价抵押。按股东权利分类，股票可分为普通股、优先股。

idea
考考你

红颜色是什么意思？
绿颜色是什么意思？

什么是牛市？什么是熊市？

牛市指股价的基本趋势持续上升时形成的投机者不断买进证券，需求大于供给的市场现象。

熊市指价格走低的市场。证券市场上是指总体的运行趋势是向下的，其间虽有反弹，但一波却比一波低。

股票交易

交易时间

交易方式

交易费用

	周一至周五
上午	9:30 — 11:30
下午	1:00 — 3:00

买进

卖出

佣金（手续费）

各券商自定（成交金额的0.08%~0.3%），一般为：买、卖都是成交总额的1‰，不足5块按5块收。

印花税

买时为0，卖时为成交金额的1‰。

过户费

只有上证的收，买、卖都是成交股数的0.6‰，单位：元

idea
算一算

购买10万元股票，印花税多少钱，过户费又是多少？

什么是A股？什么是B股？

A股，即人民币普通股，是由中国境内公司发行，供境内机构、组织或个人以人民币认购和交易的普通股票。

B股的正式名称是人民币特种股票。它是以人民币标明面值，以外币认购和买卖，在中国境内（上海、深圳）证券交易所上市交易的外资股。

我尝试　办理股票开户。

① 带齐有效身份证件和复印件，办理有关申请开立证券账户手续。

② 缴开户费用：个人纸卡40元，个人磁卡本地40元/每个账户，异地70元/每个账户，机构400元/每个账户。

③ 在证券营业部开设资金账户。

黑马股票

黑马股是指价格可能脱离过去的价位而在短期内大幅上涨的股票。黑马股是可遇而不可求得。

黑马起初并不是股市中的术语。它是指在赛马场上本来不被看好的马匹，却能在比赛中让绝大多数人跌破眼镜，成为出乎意料的获胜者。

我了解　读一读股票的行情

	代码	名称	涨幅%	现价	涨跌	买价	卖价	总量	现量	涨速%	换手%	今开
1	300001	特锐德	8.37	21.87	1.69	21.86	21.87	198434	2183	0.22	2.34	20.50
2	300002	神州泰岳	9.99	15.08	1.37	15.08	—	118.1万	1653	0.00	10.36	13.85
3	300003	乐普医疗	5.85	48.46	2.68	48.46	48.48	121239	1469	0.06	1.77	46.35
4	300004	南风股份	10.00	26.28	2.39	26.27	26.28	162909	1199	0.00	5.93	23.90
5	300005	探路者	7.91	25.50	1.87	25.49	25.50	219046	2654	-0.19	6.76	23.95
6	300006	莱美药业	8.33	40.30	3.10	40.27	40.30	85341	755	-0.17	6.33	37.57
7	300007	汉威电子	—	—	—	—	—	—	0	0		0.00	—
8	300008	上海佳豪	—	—	—	—	—	—	0	0		0.00	—
9	300009	安科生物	4.93	29.78	1.40	29.76	29.78	222365	2603	0.33	9.07	28.38
10	300010	立思辰	—	—	—	—	—	—	0	0		0.00	—
11	300011	鼎汉技术	10.00	37.18	3.38	37.18	—	94773	57	0.00	2.80	33.5

股票涨了是不是就意味着赚钱了？股票跌了是不是意味着亏钱了？

实际上不是的，必须真正把股票卖了以后，钱到手了，才意味着挣钱或赔钱。

小贴士

垃圾股指的是业绩较差的公司的股票，与绩优股相对应。这类上市公司或者由于行业前景不好，或者由于经营不善等，有的甚至进入亏损行列。其股票在市场上的表现萎靡不振，股价走低，交投不活跃，年终分红也差。由于投资垃圾股的风险大，所以风险回报率（收益率）也高，20世纪80年代末，美国兴起了垃圾股投资热潮。

垃圾股

金融与社会·股票

我分析

手中的股票是否有涨停潜力？坚持持有还是卖出？

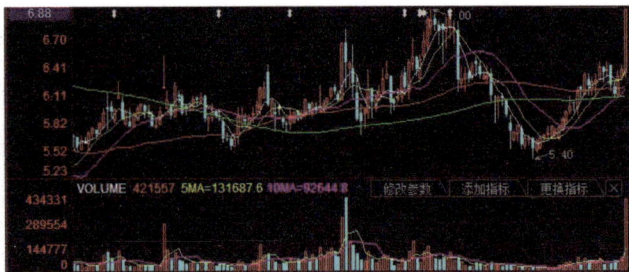

涨了以后是继续持股，还是立刻抛掉？

继续持股有可能会跌，立刻抛掉意味着赚钱。

跌了以后是立刻抛掉？还是等待时机？

抛售意味着赔本，等待意味着可能继续赔本。

追涨

杀跌

风险

我阅读

杨百万的故事

杨百万，中国第一股民，真名杨怀定，人称杨百万。开始买国库券，杨怀定拿着两万元钱到了交易所，他算了一笔账：国库券1985年的开盘价104元，利息率15%，如果2万元全部买下，一年就有3000元。"当时存在银行的利率是5.4%，全年利息1080元。那多出来的近2000元，早已超出我在工厂的工资。"于是他把所有的钱都买了国库券。"下午就迫不及待地跑去交易所看行情，一看，发现涨到112元了，我赶紧卖了，赚了800元。"一年的工资到手了，杨怀定心放宽了些，又开始突发奇想：如果我能把104元的国库券买回来，再以112元的价格卖出去，不就可以赚钱了吗？就这样，杨百万实现了第一次资金积累。

我咨询

有疑问咨询理财师

理财师在线答疑

民乐团为出国换汇

暑假,学校的民乐团前往英国、美国、德国、泰国等国家进行演出。出国前,学校请各位团员为自己在国外消费准备好现金。

虽然我们有visa卡,但是在国外购买一些小商品还需要现金。

idea

我思考

我们需要准备多少这些国家的现金?我们应该如何兑换呢?

我咨询 idea

出国前向银行专家咨询。

我们是不是应该带上人民币出国?

人民币在有些国家不能使用,也不能直接兑换。

用信用卡去国外取现可以不可以?

需要收取手续费。

出国前是否应该换好当地的货币呢?

可以适当换一些。

应该换多少?

根据自己消费的需要,不需要换太多。

如何进行兑换?

找到有兑换外汇标志的银行(如中国银行)。

我阅读 idea

到中国银行去办理兑换业务,看一看外汇牌价。

中国银行人民币即期外汇牌价

货币名称	现汇买入价	现钞买入价	卖出价	基准价	中行折算价	发布日期
英镑	1005.33	984.13	1013.4	1009.1	1009.1	2008-12-24
港币	88.14	87.44	88.48	88.25	88.25	2008-12-24
美元	683.13	677.66	685.87	683.97	683.97	2008-12-24
瑞士法郎	631.49	618.18	636.57		630.44	2008-12-24
新加坡元	471.76	461.81	475.55		471.89	2008-12-24
瑞典克朗	84.14	82.36	84.81		85.79	2008-12-24
丹麦克朗	127.75	125.06	128.78		128.17	2008-12-24
挪威克朗	94.49	92.49	95.24		96.4	2008-12-24
日元	7.5533	7.3941	7.614	7.5402	7.5402	2008-12-24
加拿大元	560.2	548.39	564.7		560.87	2008-12-24
澳大利亚元	464.86	455.06	468.59		464.23	2008-12-24
欧元	952.01	931.94	959.66	953.83	953.88	2008-12-24
澳门元	85.57	84.85	85.9		85.78	2008-12-24
菲律宾比索	14.37	14.06	14.48		14.39	2008-12-24
泰国铢	19.75	19.33	19.91		19.84	2008-12-24
新西兰元	392.12		395.26		388.9	2008-12-24
韩国元		0.4966	0.5343		0.5117	2008-12-24

问一问 idea

图中买入价和卖出价每天都会发生变化吗?

小贴士

汇率,是指货币之间进行兑换的比率,即用一种货币表示另一种货币的价值。

我了解

英镑兑换人民币兑换率是多少？

英国伦敦大本钟

美元兑换人民币兑换率是多少？

美国纽约自由女神像

马克兑换人民币兑换率是多少？

德国柏林勃兰登堡门

泰铢兑换人民币兑换率是多少？

泰国曼谷皇宫

梦想金融

idea **算一算**

尝试外币兑换

根据上述外汇牌价，完成下列货币的兑换，通过比较你能发现什么？

人民币（CNY）	其他国货币 ？
¥1000	泰铢（THB）
¥1000	马克(DEM)
¥1000	英镑(GBP) £
¥1000	美元(USD) $

idea **想一想**

在英国时，英镑没有用完，去美国以后，将英镑兑换成美元。发觉不同银行兑换率不一样，不同时间，兑换率也不一样。为什么呢？

idea **算一算**

回国后剩余的外币，换回人民币是多少？

其他国货币	人民币（CNY）？
泰铢 ฿50	¥
马克 200	¥
英镑(GBP) £123	¥
美元(USD) $185	¥

小·贴士

银行兑换率分现钞买入、卖出价和现汇买入、卖出价，可以理解为银行要从中收手续费，各个银行收益不同，兑换率就不同，但差别不是很大。同样，不同时间，经济形势不同，收益也会不一样，兑换率也就不一样啦！

书店经营

 **我调查**

哥哥创业，计划开办儿童书店，请你做咨询，他应该怎么做呢？

问题一 市内的书店开在什么区域呢？（闹市？ 偏僻地区？ 学校？）

南京新华书店 地点 _____ **大众书局** 地点 _____

凤凰书城 地点 _____ 我归纳 _____

问题二 市内的书店面积各有多大？

南京新华书店 面积 _____ **凤凰书城** 面积 _____

大众书局 面积 _____ 我总结 _____

问题三 市内的书店图书有多少种 ？

南京新华书店 种类 _____ **凤凰书城** 种类 _____

大众书局 种类 _____ 我总结 _____

小贴士

■在开设新店时，要制定发展方向，如开店的规模、新店的发展前景等。

■进行市场调查，如开店的数量、区域等。

■选择开店形态，如自我经营店、连锁店、一级经销商模式等。

■选择开店地域和确定店址。所选地段要交通方便；人流密集；还要选择恰当的竞争对手。

 **问一问**

书店经营的费用各是多少？

书店项目	房屋租金	人员工资	购书款	水电费	杂费
预计花费					

idea 我咨询 想把书店开好，需要哪些经营策略呢?

❶ "节假日"营销

一年有54个周末，各种节假日，以及书店周年庆典活动等。我们可以利用节假日搞促销，如抽奖、送书等。儿童节、读书节、开学促销活动怎样安排?

❷ 一站式服务

在书店内开设置茶吧、咖啡屋、网吧、文具店、烘焙店、托儿所、画廊、小型电影院，满足顾客多样化需求。

❸ 勤沟通了解客户需求

定期举办书友会，以便与客户建立更紧密的联系，另外，平时通过邮件让顾客了解最新的图书信息。

❹ 扩大宣传力度

设计一些艺术海报、书签等到各大高校中张贴、赠送。还可以经常随书赠送书签和印着店徽的包装袋，使读者不断见到书店"影子"，以增加对书店的认同感。

❺ 建立客服评价体系

收集客户的基本信息及购书需求，同时方便读者上网对书店做出评价。

❻ 建立会员制度

发放会员卡，开通会员手机平台，定期发布新书预告，并且会员卡满500打7.5折，满300打8折，满100打9折。

❼ 建立网上购物机制

通过网络售书，让顾客切实体验到方便、快捷、周到的服务。

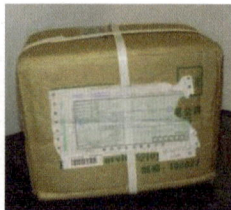

idea 我观察 观察下列书店,尝试为儿童书屋取名,设计店面!

清史書店

保罗的口袋
独立书店
概念餐厅
HOUSE

莹火虫书店

学而优 书店
XUEERYOU BOOK HOUSE

书睨九号

麦田书店
WHEATFIELD BOOKSTORE

前言后记
Prince Epilogue

天堂时光旅行书店

小·贴士

书店名称集锦

书香卷书店	小人书王国
接力书店	卡哇伊书虫
阅友书店	小博士读书社
状元考试书店	知识面包店
科教图书店	童话乐园

idea 我模仿

店名: _____

店面:

当金融趣

idea 我观察

书店内部是如何布置的?
请将书店的各个区域标示出来

idea 我预算

儿童书屋的开办费用?

在南京市江宁区租一个店面,40平方米左右,年租金 _____ 万元。

装修店面、货架等大约需要 _____ 万元。

购置经营设备:如电脑、收银机器等,约 _____ 万元。

雇两个店员轮流看店,平均一人工资加保险等约 _____ 万元。

水电费一年约 _____ 元。

其他费用一年约 _____ 万元。

第一批铺货约 _____ 万元。

假设书籍是4折进货,平均一本书约**15**元。

平均每天能卖掉**20**本。

多长时间可以回本?

两年后有没有挣钱呢? 挣了多少钱?

我和爸爸去交税

idea 我思考 为什么爸爸要补交个人所得税？

教授爸爸年收入超过12万元，税务人员来电，让爸爸补交个人所得税。爸爸说，他每个月的工资都交税，为什么年底还要补交税？猜一猜他们说了些什么？

idea 算一算 爸爸年收入20万，那么需要补交多少钱的个人所得税？

应纳个人所得税税额 = （工资薪金所得－"五险一金"－扣除数）×适用税率－速算扣除数

小贴士

	税率	速算扣除数
80000元至100000元的部分	40%	10375
超过100000元的部分	45%	15375

个人所得税的征收范围

工资薪金所得　劳务报酬所得　稿酬所得　利息股息所得　房屋租赁所得　财产转让所得　偶然所得　生产经营所得

idea 我观察 税务人员与警察、军人的形象有什么区别？

税务人员　　军人　　警察

idea 我经历
我们去交财产税。

爸爸带我去4S店购车、咨询。工作人员回答：裸车15.98万。全部办好18万。裸车以外多交的钱包括车船税和车辆购置税等。

15.98万元起的进口SUV

车辆购置税

在车管所办理汽车牌照的时候缴纳。

车船税

小贴士

车船税缴纳档次

2012年新的车船税[核定载客人数9人(含)以下乘用车部分]将按7个档次征收

- 1.0升(含)以下 **60元至360元**
- 1.0升以上至1.6升(含) **300元至540元**
- 1.6升以上至2.0升(含) **360元至660元**
- 2.0升以上至2.5升(含) **660元至1200元**
- 2.5升以上至3.0升(含) **1200元至2400元**
- 3.0升以上至4.0升(含) **2400元至3600元**
- 4.0升以上 **3600元至5400元**

idea 问一问

根据单位"升"，猜一猜车船税以什么为标准？

小贴士

财产税以财产为课税对象，向财产的所有者征收。财产包括一切积累的劳动产品（生产资料和生活资料）、自然资源（如土地、矿藏、森林等）和各种科学技术、发明创作的特许权等，国家可以选择某些财产予以课税。

财产税种主要有：房屋税、土地税、地价税、土地增值税、固定资产税、流动资产税、遗产税、赠与税、契税、车船税和车辆购置税等。

我探索 idea

我们去缴纳消费税

坐公交车，在一元的车票钱里就包含了消费税。去超市购物，每一件商品价格中都包含着一定比例的消费税。每家每户缴纳的自来水费、电费、卫生费等里面也都包含着消费税。

为了限制和减少烟草及其制品生产与消费、增加政府财政收入，世界各国普遍对烟草及其制品都征收体现政府"寓禁于征"调控意图的"烟草消费税"或类似性质的烟草特别税。

小贴士

消费税是在对货物普遍征收增值税的基础上，选择少数消费品再征收的一个税种，主要是为了调节产品结构，引导消费方向，保证国家财政收入。

现行消费税的征收范围主要包括：烟，酒，鞭炮，焰火，化妆品，成品油，贵重首饰及珠宝玉石，高尔夫球及球具，高档手表，游艇，木制一次性筷子，实木地板，摩托车，小汽车，电池，涂料等。

奢侈品、高档消费品的消费税征收范围包括化妆品、贵重首饰及珠宝玉石、高尔夫球及球具等。征收的重要目的是加强资源节约和环境保护。

我总结 请根据思维导图总结一下税收的种类。

我归纳 什么是税收？

流转税（消费税）

所得税

资源税

税收

财产税

行为税

中华人民共和国
税收法典
21
应用版

下面这句话你理解吗？你对税收的理解和这句话一致吗？

小贴士

税收是国家为满足社会公共需要，凭借公共权力，按照法律所规定的标准和程序，参与国民收入分配，强制地、无偿地取得财政收入的一种特定分配方式。

税收收入是国家财政收入的最主要来源。

学名人挣得第一桶金

我阅读 **故事一** 李嘉诚的第一桶金

李嘉诚为养家糊口放弃学业，到一家塑胶厂当推销员。后来他借了四万多元，再加上自己的积蓄，开设了一家生产塑胶玩具及家庭用品的工厂，1957年年初的一天，李嘉诚阅读新一期的英文版《塑胶》杂志，偶然看到一小段消息，说意大利一家公司利用塑胶原料制造塑胶花，全面倾销欧美市场。这给了李嘉诚很大灵感。他敏锐地意识到，这类价廉物美的装饰品有着极大的市场潜力，而香港有大量廉价勤快的劳工正好用来从事塑胶花生产。他预测塑胶花也会在香港流行。李嘉诚抓紧时机，亲自带人赴意大利的塑胶厂去"学艺"，在引入塑胶花生产技术的同时，还特意引入外国的管理方法。返港后，他把"长江塑胶厂"改名为"长江工业有限公司"，积极扩充厂房，争取海外买家的合约。创业五年后，"长江"逐渐成为全世界数一数二的大型塑胶花厂。李嘉诚被行内人士冠以"塑胶花大王"的雅号。

华人首富李嘉诚

故事二　王永庆的第一桶金

王永庆早年家贫，只好去做买卖。16岁的王永庆开了一家米店。周围有近30家米店，竞争非常激烈。怎样才能打开销路呢？

王永庆将夹杂在米里的杂物捡出来，然后再卖。米店的生意日渐红火。王永庆还主动送米上门，同时坚持将米倒进米缸里。如果米缸里还有陈米，他就将旧米倒出来，把米缸擦干净，再把新米倒进去，然后将旧米放回上层，这样，陈米就不至于因存放过久而变质。

如果给新顾客送米，王永庆就细心记下这户人家米缸的容量，了解有多少人吃饭，几个大人、几个小孩，每人饭量如何，据此估计该户人家下次买米的大概时间，记在本子上。到时候，不等顾客上门，他就主动将相应数量的米送到客户家里。

王永庆的生意更加红火起来。这样，经过一年多的资金积累和客户积累，王永庆便自己办了个碾米厂。就这样，王永庆从小小的米店生意开始了他后来问鼎台湾首富的事业。

台塑集团创始人王永庆

故事三　王石的第一桶金

1983年，王石来到深圳，他做过很多杂活，后来经过打听，他了解到深圳有很多鸡饲料厂，但作为鸡饲料的玉米却从国外进口，原因是无法解决东北玉米运到深圳的问题。于是，王石开始从东北采购玉米到深圳销售。第一笔生意是卖给深圳养鸡公司30吨玉米。短短几个月，"倒腾"玉米的他赚了300多万元。虽然数目不大，却对他日后的发展有重要的影响。

万科集团董事会主席王石

台塑集团

我欣赏

马云的第一桶金
中国黄页

任正非的第一桶金
代理程控交换机

牛根生的第一桶金
乳制品

马化腾的第一桶金
QQ

黄启均的第一桶金
燃气灶具

史玉柱的第一桶金
汉卡

刘永好的第一桶金
养鹌鹑

李彦宏的第一桶金
搜索引擎

袁岳的第一桶金
调研策划

俞敏洪的第一桶金
英语培训

董明珠的第一桶金
空调

张近东的第一桶金
销售空调

详细了解请上网查询

我思考

阅读这个小故事,并请设想你如果是一个身无分文的打工者,如何挣得你创业的第一桶金呢?

无中生有

一个人来到上海打工,他发现,只要愿意干活,什么都可以赚钱。带路可以赚钱,看厕所可以赚钱,弄盆凉水让人洗脸居然也可以赚钱!他敏锐地观察到:上海人特别喜欢养花,他有了个做无本生意的想法。他在郊区装了10包泥土,冠以"花盆土"的名义,以一块钱一包的价格兜售,居然被一抢而空。当天他在城郊间往返六次,净赚了50元钱。这50元钱,是他掘得的第一桶金。

他开始研究各种土壤,哪种花卉适宜在哪种土壤中生长。渐渐地,他的"花盆土"名气越来越大,生意越来越好。

我总结

什么是第一桶金?

第一桶金是一个创业概念,是创业过程中赚的第一笔钱。也指第一次获得的丰厚报酬或从事某项经济活动最初获得的收益。创业者如果与第一桶金无缘,创业很可能是一个失败的结局。

爷爷养猪经营记

我思考 idea

邻居小·王养猪摆脱了贫穷,走向了富裕。爷爷好羡慕,他也想去养猪发财,可是,没有钱该怎么办呢?

实际上你有一些不动产,我来告诉你怎么样将死钱变活钱。

方法一

可以搬动的房产

房产价值35万　银行抵押　可抵押贷款人民币20万

方法二　让汽车有个临时的家

汽车价值10万　典当行抵押　抵押贷款人民币1.5万
综合费630元/月

小·贴士

典当是指当户将其动产、财产权利作为当物质押,或者将其房地产作为当物抵押给典当行,交付一定比例费用。取得当金,并在约定期限内支付当金利息、偿还当金、赎回当物的行为。家庭中的动产、财产权利,包括住宅房产、商业场所、汽车、金银首饰、古董、股票、国债、存款等。

2005年2月9日颁布《典当管理办法》。

方法三　变长期国债为活钱

变

3年期国债10万元　　典当行抵押　　抵押贷款人民币6万
交综合费2562元

方法四　使用信用卡——预借现金,透支买单

变

信用卡额度5万元　　预支消费　　消费人民币4万元

小贴士

信用卡对非现金交易,从银行记账日起至到期还款日之间的日期为免息还款期。在此期间,您只要全额还清当期对账单上的本期应还金额(总欠款金额),便不用支付任何非现金交易由银行代垫给商店资金的利息。

记住按期还款!透支买单,逾期不还款,你的征信记录上将留下"信用污点",在办理其他信贷业务时会被所有银行拒之门外。

爷爷筹集了资金**30万**,开办了一个养猪场。

爷爷买了300头猪崽,每头猪崽约500元,辛辛苦苦养了一年,体重长到120公斤左右。当时活猪收购价约为每公斤10至12元,每头猪可以卖到2400元左右。刨去仔猪成本、饲料、人工、水电、药费,一头猪他赚了300多块钱。

idea
算一算

爷爷一共赚了多少钱?

活钱效应:　延迟我们的消费。把家里的这些资产流动起来,把不动产变成动产,从而更好地解决我们的生活和经营所需。

爷爷偿还了各种抵押贷款的利息，还剩下10万元利润，爷爷和奶奶之间就下一步如何挣钱产生了争论。爷爷说：投资养猪才是挣活钱的最好办法。奶奶说：钱存到银行保险。

存钱 **养猪**

idea
我思考

你支持谁的观点呢 ?

爷爷说服了奶奶，第二年又养了1000头猪崽，每头猪崽500元。猪长势良好，一头猪能净赚260多块钱。

idea
算一算 第二年爷爷大概可以总共收入多少钱？

变

idea
写一写 请写出死钱变活钱的办法。

死钱 变一变 活钱

比一比 请比较一下爷爷养猪所获得的利润和银行存款利息之间的差距。

我思考 接下来，爷爷还打算利用手头赚来的一部分钱投资新的项目。我该给他什么样的建议呢？

小贴士
（1）建蔬菜、水果大棚，让游客采摘草莓。
（2）建垂钓园，游客钓到鱼后，送到饭店里加工食用。

变

小贴士 固定存款一年银行利率是多少？

	调整后利率（%）
城乡居民和单位存款	
活期存款	0.35
整存整取定期存款	
三个月	1.10
半年	1.30
一年	1.50
二年	2.10
三年	2.75

想一想 民间有句俗语叫"人两脚，钱四脚"是什么意思？从爷爷创业的经历，你能理解这句话吗？

尽快收回投资超市的钱

我思考 idea

阿姨准备投资100万办一个小超市，她应该如何将这些钱尽快收回呢？

我调查 idea

阿姨应该向谁去咨询呢？应该采取什么样的调查方式呢？

100万

变

变

100万　100万　100万

电话访问

随机/抽样调查　入户访问

网上调查

小组座谈会

市场观察

深度访问

我咨询 idea

减少成本 提高效率的方法

- 降低损耗率
- 减少库存
- 防盗监控
- 灵活销售商品
- 提高服务态度
- 提高工作效率
- 电子结账系统
- 增加商品流通率
- 减少商品损耗
- 奖勤罚懒,建立制度
- 增加营业空间利用率

算一算 idea

要不要使用仓库？调查一下附近仓库一年租金是多少呢？

小·贴·士

仓库要有一定的成本,要有租金、保管员,仓库还要安装通风除湿的一些设备,管理比较复杂。

拟建超市仓库成本核算表			
1	2	3	4
租金1000元/（月·50平方米）	改造成本2万	保管员工资及五险3000元/月	各类保障安全等设备4000元
5	6	7	8
水电费500元/月	上、下货物设备6000元	通风除湿设备400元	监控设备2000元

idea 我建议

① 如果不用仓库,就改为现场配送。

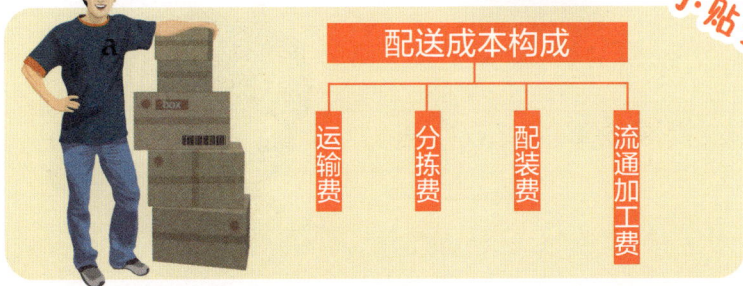

② 加快物品流转,促进资金回笼。

商品销售越快,资金周转的越多,挣的钱就越多。

代销式,采购一些大众需要的物品、销售快的商品等,这样可以快速回笼资金。

现场配送可以省一大笔钱。

小贴士

配送成本构成

- 运输费
- 分拣费
- 配装费
- 流通加工费

③ 减少商品损耗,也可以节省成本。

金融效应·效率效应

idea
我建议

④ 建立超市监控系统

普通顾客

标准服务

VIP顾客

自动识别
提供个性
化服务

物品展示区

恶意偷盗

购物
参观

内部清点　结束营业

动态盘点

偷盗人员

报警状态
核实抓获

监控中心

挑选、试穿衣物

预警状态
结账离开
普通状态

收银台

盘点数据上传
账面与实物核对

成本　？　效率

idea
我总结

说一说节省成本、提高效率的有效办法。

学企业家寻找商机

故事一 流水声也能成为高价商品

美国商人费涅克在一次休假旅游时，被途中小瀑布的水声激发了灵感。许多城市居民饱受各种噪音干扰之苦，却又无法摆脱。于是他带上立体声录音机，专门去一些人烟稀少的大自然中，录下了小溪、小瀑布、小河流水、鸟鸣等声音，然后回到城里复制出录音带高价出售，生意十分兴隆。这种奇妙的商品，能把人带入大自然的美妙境界，使那些久居闹市的人暂时忘却尘世的烦恼，还可以使许多失眠者在水声的陪伴下安然进入梦乡。尤其是买"水声"的顾客可谓川流不息，费涅克也因这个创业新点子获得一大笔财富。

想一想：费涅克是怎样发现商机的？

故事二 宠物侦探社月收入过万元

养宠物的人对宠物都异常慷慨，为宠物主人们搜寻走失的"宝贝"，也就成了一种新的生财方式。

2005年，宋希辞掉了工作，一心一意当起了宠物侦探。他一边根据各种宠物寻找的难易程度，制定了不同的价格标准，一边在宠物医院和宠物店贴出寻找宠物的广告，最多时，宋希一天要同时接下6个单子。

在宠物医生的帮助下，宋希针对不同宠物找到了各种行之有效的寻找方法，这使得他的成功率可以达到60%以上。如今，宋希每月都能赚到近万元的收入。

想一想：小伙宋希是根据人什么样的需要来挖掘商机的？

故事三 柿叶做另类包装材料

　　河南的陈成富是将几十辆大卡车上的柿叶，远销到日本的"奇人"。

　　一个偶然的机会，陈成富了解到日本流行用新鲜的植物叶子包装食物，而自己家乡有充足的柿叶，可以对准日本市场，加工上好的绿色环保型包装材料。他就办起了加工企业，从河南内乡、西峡、淅川以及河北、山西、山东、陕西等地大量采购柿叶，加工外销。小小的柿叶，经过冷冻、高压、清洗等几十道工序的技术处理，最后经过真空包装，漂洋过海，登上日本的超市，一个创业新点子让他一年就创收400万元。

想一想：
陈成富是怎样将柿叶变成商机的？

什么是商机

　　能产生利润的机会叫商机。有需求就有商机。旧的商机消失后，新的商机又会出现。没有商机，就不会有"交易"活动。

小贴士

小贴士

如何练就一双识别商机的慧眼？

1.善觅商机，能赚大钱
2.商机在于发现
3.把握商机，胜于等待商机
4.先人一步，抢占商机
5.审时度势，善抓政策大商机
6.准确预测，巧用天时发大财
7.因地制宜，发掘商机
8.从别人放弃的生意中寻觅商机
9.逆向思维是捕捉商机的诀窍
10.商机需要自己去创造

idea
考一考 需要造就商机。人的这些需要可以产生什么样的商机？

① 养老

② 增强记忆力

③ 减肥

④ 减少痛苦

⑤ 摆脱贫穷

⑥ 托管幼儿

⑦ 防治污染、雾霾

idea 写一写

滴滴打车、快的打车、淘宝、京东到家等企业是根据人的什么需要创造商机的呢?

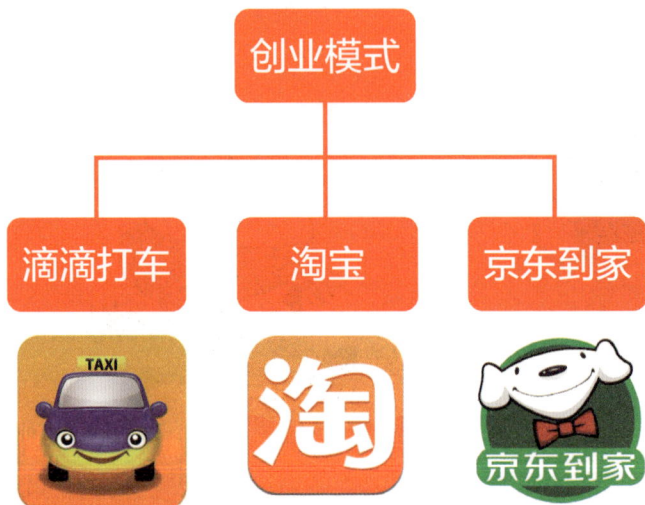

创业模式

滴滴打车   淘宝   京东到家

TAXI

淘

京东到家

人的需要

？   ？   ？

idea 我探究

在我们的身边,也蕴藏着许多的商机。看一看下面这些企业是怎样利用人们的需要,创造商机的?

？

尝试创意经营

创意有商业价值吗？请阅读下列故事。

故事一　牛仔裤的诞生

美国人李维看到采矿工人工作时跪在地上，裤子膝盖部分特别容易磨破，于是他灵机一动，把矿区里废旧的帆布帐篷收集起来，洗干净重新加工成裤子，"牛仔裤"就这样诞生了。而且风靡全球。李维将问题当作机会，最终实现了致富梦想。

1975年美国庆祝建国200周年时，还曾经展出了一条所谓的"李维"式牛仔裤，吸引了在场人的诸多眼球。因为牛仔面料与服装老少皆宜，有很强的通用性，它长期成为国内外服装消费者所青睐的时装之一。

故事二　特别的棒棒糖

1987年，美国的两个邮递员科尔曼和施洛特无意中看到一个小孩拿着一根荧光棒，两个人随手把棒棒糖放在荧光棒顶端。结果，光线穿过半透明的糖果，显现出一种奇幻的效果。这一小小的发现，让两人惊喜不已。他们为此申请了发光棒棒糖专利，还把这专利卖给了开普糖果公司。

这两人又想到：棒棒糖，如果加上一个能自动旋转的小马达，由电池对它进行驱动，这样既省力又好玩。在最初的6年里，这种售价2.99美元的小商品一共卖出了6000万个！

idea 考一考

❶ 牛仔裤的创意点，主要是改变了裤子的_____。

A.颜色　　B.款式　　C.材料　　D.功能

❷ 荧光棒棒糖的创意点，主要是改变了棒棒糖的_____。

A.口味　　B.外观　　C.材料　　D.功能

故事三　黑暗餐厅

美国《财富》杂志评出的"2007中国酷公司"之首是一家"黑暗餐厅"。设计者营造了比"伸手不见五指更黑"的环境,客人由佩戴夜视镜的服务生带领着走过黑暗走廊,进入就餐区。

黑暗餐厅让你在完全黑暗的环境中就餐,并在进食过程中更多使用触觉、嗅觉、味觉和听觉,可谓妙趣横生。好玩的北京人听说还有这样的去处,纷至沓来,一试新鲜。开业第一个月,生意即好得出奇,这家仅80平米的餐厅日营业收入达万元。

故事四　从"化整为零"到"时间分享"

最近美国出现了一种叫"拥有权化整为零"的高端商品分享创意——几个或十几个人共同出资,购买游艇、飞机或别墅,产权共用,利益共享。在此基础上,又延伸出一种叫"时间分享"的创意,允许有更多的人参加。参加的人付几千美元,就能得到前一部分人购买的游艇、飞机或别墅等高端商品的永久使用资格,每年获得一定量的享用时间。这一会员资格可以买卖、转让、出租。有人花了5000美元购买了拉斯维加斯一处豪华酒店的"时间分享"计划,用了几年后卖出,居然还获利3000多美元。

乘坐飞机每小时1000元　　　　4人乘坐飞机,每人每小时300元

考一考　idea

❸ "黑暗餐厅"的创意点
主要是改变了餐厅的 _____。
A.环境　　B.文化　　C.食材　　D.服务

❹ 拥有权化整为零的创意点
主要是改变了商品的 _____。
A.使用权　　B.所有权　　C.性能　　D.价格

小贴士

如果经营仅仅是买进卖出,那一切都简单到索然无味。商业的魅力就在于,可以用智慧给商品带来更大的附加值,这也是创意的价值。

故事五　　百万首页

这绝对是天下最不可思议的创意，但Alex想了，也做到了！

英国一个叫Alex的大学生在2005年8月26日突发奇想，用10分钟建立一个叫百万首页的网站，然后将这个网站的首页平分为一万个小格子，对外宣布每个格子卖100美元。买家可以在自己购买的格子中随意链接任何内容，包括自己网站的LOGO、名字，或者特意设计的图片等。

不到两个月，他已经成功卖出了4281个格子，收获了42.8万美元。这些找到买主的格子里，有公益广告、中文培训基地、个人网站、个人标志、贴吧、图吧、下载基地，只要你把光标停留在格子上，就会看到里面的详细说明。

idea 我观察

这些商品是如何创意设计的？请观察思考它们的创意妙在何处？

观察一

耐克运动鞋：HyperAdapt 1.0，可以根据脚掌大小自动系鞋带。

观察二

《行尸走肉》开播后深受当地人喜欢，其周边产品也受到追捧，剧迷Turkey Merck手工制作了一套僵尸马克杯，逼真程度让人看到了吓一大跳。

idea 写一写

❺ 百万首页的创意点是 ＿＿＿＿＿＿＿。

小贴士　创意就是脑筋急转弯。

金融效应·创意效应

115

金融效应·创意效应

观察三 睡袋与椅子完美结合的睡袋椅

观察四 这些肥皂是如何创意设计的？

动物肥皂

水果肥皂

俄罗斯方块肥皂

冰棒肥皂

小贴士

　　(1)设计搞怪型:将肥皂伪装成其他生活用品,比如冰棍、牙刷、麦克风、电话、魔方、订书机等,不注意看的话,搞不好就能以假乱真。
　　(2)设计卡通型:聪明的喜羊羊、美丽的公主、可爱的哆啦a梦……

试一试 idea

让火锅店起死回生

　　12月,正值寒冷的冬季,一家火锅店生意一直比较冷清。如何让火锅店里的生意像煮沸的火锅一样红红火火? 请你创意一下,给他支支招!

写一写

【专家建议】

　　(1)推出特色食品。所有的菜品可以叫半份,半份半价,这样就可以品尝更多种类的食品,而且价格不高。
　　(2)购买"无公害,一次性"的绿色食品和底料,严把原料关、配料关。顾客可以到后厨观看现场操作,吃得更加放心。
　　(3)设立自助调料台,有多种调料,顾客能根据自己的口味喜好,任意调配。
　　(4)实行会员制,会员享受8折优惠;顾客排队时,为等待的顾客提供免费美甲、护手服务;免费饮料、零食和水果。
　　(5)发展特色食品,如甩面条等。

你觉得专家的想法怎么样? 你还有没有更好的点子?

为企业经营招募各类人才

哥哥从海外学成归来，希望自己创业，他前往人才市场寻找需要的人才。

我咨询 开办企业应该招聘哪些类型的人才呢？

领军人才
经营管理人才
创意设计人才
技术人才

企业经营需要各种人才！

问一问 这些人才对企业经营有什么用呢？

科技领军人物总能站在时代发展和变革的最前沿，具有很强的预见和创新能力。

案例一 科技领军人才的贡献

2010年，明阳风电产业集团有限公司首席技术官曹人靖获科技重大贡献奖。

曹人靖依托明阳风电发挥科研智慧，先后主持完成了1.5兆瓦、2.5兆瓦、3.0兆瓦系列风力发电机组的研制和产业化、近海及海上风电设备研制及产业化，其中，仅仅1.5兆瓦风力发电机组，就累计实现了产值65亿元。

2010年，由曹人靖主持完成的全球首台3.0兆瓦超紧凑型风电机组的成功下线，打破了国外对3兆瓦级以上海上风力发电技术的垄断，加速了我国大型风机装备国产化水平。

人才是利润最高的商品，能够经营好人才的企业才是最终的大赢家。
——联想集团总裁柳传志

案例二 管理人才的经济效应

1912年,美国钢铁大王安德鲁·卡内基以一百万年薪,聘请查理·斯瓦伯为该公司第一任总裁时,全美企业界为之议论纷纷。斯瓦伯对钢铁并不十分内行,卡内基为何要付那么高的薪水呢?

扭转乾坤的一支粉笔

斯瓦伯上任不久,他管辖下的一家钢铁厂产量落后,他问该厂厂长:"这是怎么一回事? 为什么你们的产量老是落后呢?"厂长回答:"工人懒懒散散,软硬都不吃。"那时正是日班快下班,即将要由夜班接班之时。斯瓦伯向厂长要了一支粉笔,问日班的领班说:你们今日炼了几吨钢呢? 领班回答:六吨。斯瓦伯用粉笔在地上写了一个"6"字后,默不作声地离去。夜班工人接班后,看到地上的"6"字,好奇地问是什么意思。日班工人说:"总裁今天过来了,问我们今天炼了几吨钢,领班告诉他6吨,他便在地上写了一个'6'字。"次日早上,斯瓦伯又来工厂,他看到昨天地上的"6"已经被夜班工作改写为"7"字,日班工人知道输给夜班工人,内心很不是滋味,他们决心给夜班工人一点颜色看看,大伙儿加倍努力,结果那一天炼出了10吨的钢。

在工人不断的竞赛之下,这座工厂的产量竟跃居公司里所有钢铁厂之首。

想一想 为什么数字"6"和"7"能调动工人的积极性,提高生产效率呢? 斯瓦伯激发了人的什么样的心理?

案例三　经营人才的经济效益

　　郑裕彤不善高谈阔论,不了解他的人,总以为他辉煌业绩的背后是数不清的运气。对此,他说:"一个人的一生,幸运碰上一两次是可能的,但不可能永远幸运。如果你希望永远幸运,你一定要付出永恒的'勤'与'诚',那幸运才会常伴你左右。"当时在香港,金铺比比皆是,竞争十分激烈。那时,黄金成色一律为九九金,而郑裕彤却大胆投入资金,首创制造了九九九九金,率先开创了金饰制造的新工艺,同时也领导了消费领域的新潮流,此项壮举为"周大福"日后的发展奠定了雄厚的经济基础。

　　郑裕彤,在香港超级富贾中排名第三,个人身价达300亿港元。港人听到他的名字都会和家喻户晓的"周大福珠宝"相联系。

案例四　创意人才的经济效益

　　26岁"多肉达人"陈檫开起了福州最小清新的多肉植物馆。这个多肉植物馆以网店为主要销售点,结合线下工作室互动销售。他开设了一个工作室,销售多肉植物的同时,也以"肉"会友。逐渐累积起人气的微博吸引了不少"多肉玩家"。一到节假日,他的工作室挤满了前来选购多肉植物的客人。每个月扣除各项成本,陈檫的收入能有2万元左右。

　　国际著名创意产业专家、世界创意产业之父、英国经济学家约翰·霍金斯非常看重创意人才的培养,他说,创意人才是非常会讲故事的人。

案例五 技术人才的经济价值

中央电视台《大国工匠》节目里介绍了8位平凡又伟大的人,上海飞机制造有限公司高级技师胡双钱是其中一位,至今,他都是一名工人身份的老师傅,但这并不妨碍他成为制造中国大飞机团队里必不可缺的一分子。

2006年,中国新一代大飞机C919立项,一个零件要100多万元。每个零件有36个孔,大小不一样,孔的精度要求是0.24毫米。0.24毫米,相当于人头发丝的直径,这个本来要靠细致编程的数控车床来完成的零部件。胡双钱依靠自己一双手,和一台传统的铣钻床,仅用了一个多小时,36个孔悉数打造完毕,一次性通过检验,也再一次证明胡双钱的"金属雕花"技能。

我思考 idea

企业应该多招聘技术工人,还是应多招聘科技人才或管理人才呢?请你谈谈你对企业人才分布表的看法。

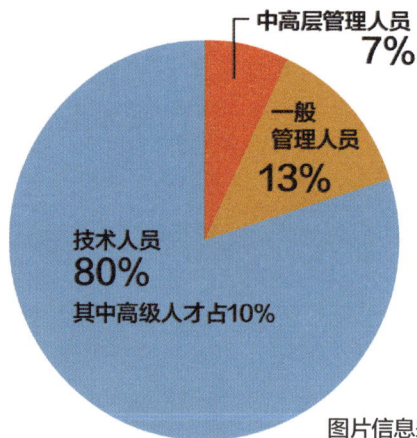

企业人才分布表

- 中高层管理人员 **7%**
- 一般管理人员 **13%**
- 技术人员 **80%** 其中高级人才占10%

图片信息来自新浪微博

议一议 idea

企业在招聘员工的过程中,如何才能物色到"德才兼备"的人呢?

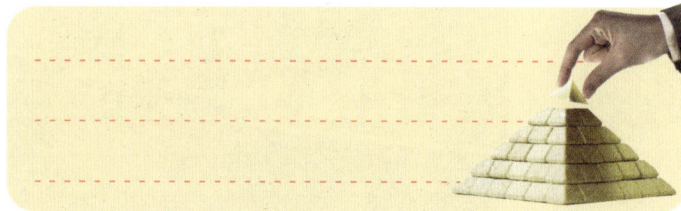

钱眼里看人

我阅读 idea

如何才能判断一个新员工的人品呢?

根据这个人对金钱的态度和行为,我们可以看出他的人品特点!

故事一

严监生家财万贯,病重时家里挤了一屋子人,桌上点着一盏油灯。严监生咳得上气不接下气,却总是断不了气。他把手从被单里拿出来,伸着两个指头。侄子问:"二叔,你莫不是还有两个亲人不曾见面?"严监生摇了摇头。"二叔,莫不是还有两笔银子不曾吩咐明白?"他把两眼睁得溜圆,把头又狠狠摇了几下。奶妈插口道:"老爷可能是因为两位舅爷不在眼前,故此纪念。"他把眼闭着摇头,那手只是指着不动。他的妻子慌忙说道:"老爷,别人说的都不对,只有我晓得你的意思!你是为了那灯盏里点了两根灯芯,不放心,怕费了油。我马上挑掉一根就是了。"说罢,忙走去挑掉一根。大家再看严监生时,只见他点一点头,把手垂下,顿时就没了气。(源自吴敬梓的《儒林外史》)

故事二

葛朗台有一个堆满黄金的秘库,他半夜里瞧着累累的黄金快乐得不可形容,连他的眼睛都是黄澄澄的,染上了金子的光彩。尽管葛朗台家财万贯,然而他的开销却很节省。他从来不买肉、蔬菜和水果,这些都由佃户替他送进柴房。他什么都节约,连动作在内。每顿吃的食物,每天点的蜡烛,他总是亲自定量分发;每年十一月初一堂屋里才生火,到3月31日就得熄火,不管春寒和秋凉;他给妻子的零用钱每次不超过6法郎;多年来给女儿陪嫁的压箱钱总共只有五六百法郎;至于仆人拿侬,一年的工薪只有60法郎,她在葛朗台家辛勤劳作了30年,只是在第20年上,葛朗台才痛下决心赏了她一只旧表,那是她得到的唯一礼物。(源自巴尔扎克的《守财奴》)

写一写 你认为严监生的人品特点是_____。

写一写 你认为葛朗台的人品特点是_____。

故事三

传说北宋宰相吕蒙正年轻时家里十分贫穷,受尽了亲戚朋友的白眼,甚至有一年因为家里贫困得没办法过年,便向亲戚朋友去借钱,可是分文没有借到,还受到了他们的嘲笑,回来后吕蒙正和妻子抱头痛哭。后来吕蒙正通过自己的努力,走上仕途,而且身居要职。还是这些亲戚朋友,他们纷纷满面笑容地过来送厚礼、套近乎。吕蒙正有感于世态炎凉,提笔在门上写了一幅对联:"想当初,家贫如洗,无柴无米,谁肯雪中送炭;看而今,鳌头独占,有酒有肉,都来锦上添花。"

我思考 idea

你同意这种观点吗?

金子这东西,只这一点点,就可以使黑的变成白的,丑的变成美的,错的变成对的,卑贱变成高贵,老人变成少年,懦夫变成勇士。它可以使受诅咒的人得福,使害着灰白色癞病的人为众人所敬爱,它可以使窃贼得到高爵显位,和元老们分庭抗礼,它可以使鸡皮黄脸的寡妇重做新娘。(摘自莎士比亚《雅典的泰门》)

故事四   不需要钱的爱因斯坦

当代物理学之父爱因斯坦到了美国,美国就成了世界物理学的中心。经常有人到美国请爱因斯坦去世界各地做学术报告,一般的开价是每分钟1000美元。可他总是诚恳地说:"除了基本的生活费用之外,我不需要钱……"

1944年,在堪萨斯州,爱因斯坦拍卖了1905年狭义相对论论文的手稿,将所得的600万美元,全部捐献给反法西斯的正义战争。

他把一张1500美元的支票当书签用……

写一写 吕蒙正是如何评价他的亲戚朋友的人品的?

写一写 爱因斯坦为什么不爱钱?

我思考 idea

你理解这句话的意义吗?

金钱是人类抽象的幸福,所以,一心扑在钱眼里的人,是不可能会有具体的幸福的。
——叔本华

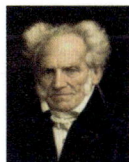

故事五　另类的世界首富

比尔·盖茨以其名下的净资产466亿美元,排名世界富翁的首位。然而,他没有自己的私人司机,公务旅行不坐飞机头等舱却坐经济舱,衣着也不讲究什么名牌;更让人不可思议的是,他还对打折商品感兴趣,不愿为泊车多花几美元……为这点"小钱",如此斤斤计较,他是不是"现代的阿巴公(吝啬鬼)"?

然而,微软员工的收入都相当高;比尔·盖茨为公益和慈善事业一次次捐出大笔善款,他还表示要在自己的有生之年把95%的财产捐出去……

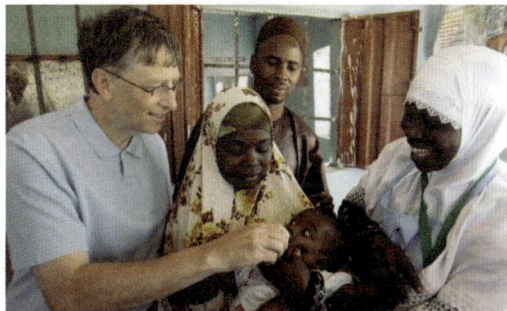

这位世界首富是那种"一掷万金、摆谱显阔"的富翁吗?

故事六　懂得经营金钱的人

美国的石油巨子洛克菲勒,是个很懂得运用金钱的人。有一次,公司打算盖间仓库,请来两个建筑工人。这两名工人是一对兄弟,哥哥叫约翰,弟弟叫哈佛。仓库盖好后,兄弟俩便到洛克菲勒办公室去领工资。洛克菲勒对他们说:"赚了钱应该储蓄起来,现款如果到了你们手中,一定很快就会花光,不如把它换成公司的股票,作为你们的投资如何?"约翰听了,觉得很有道理,当场便答应了。但是哈佛不愿意,坚持要领现款。结果不出洛克菲勒所料,没多久哈佛就把钱花光了;而约翰因为公司股票涨价,赚了不少钱,过不了几年便成为一个大富翁。

石油巨子洛克菲勒

洛克菲勒中心坐落于纽约市第五大道,由洛克菲勒家族出资建造

启示

善于运用金钱,才能致富。假如把钱花在不该花的地方,不但没法积聚财富,一旦有急用也只好干着急。

养成爱惜金钱的习惯,把多余的零用钱储蓄起来,存到银行里,可以收入不少利息呢!

写一写

你认为比尔·盖茨的人品特点是_____。
你从他对金钱的态度悟出了什么?

写一写

你认为约翰成为富翁的原因是_____。

故事七　不会独立生活的小地主

一位老地主,到了五十岁的时候,才有了一个儿子。儿子生下来后,经常大哭,每次都要哭很久。有一次哭的时候,一个佣人不小心打破了一个碗,小孩听到打碎碗的声音,马上不哭了。老地主很高兴,于是,每次他儿子哭的时候,就叫佣人摔碗,逗他儿子不哭。十几年后,家门口的摔破的碗片也有小山那么高了。大地主开始担心起来,儿子能不能守住这份家业呢?

一天,老地主给他儿子2个金元宝,让他去集市上吃一顿饭。他儿子来到集市上,就开始逛起来。走了半天,他感到饿了,但是不知道吃什么。就去丝绸铺子里,买了两匹丝绸,剩下的钱,买了一个石头做的捣米的米臼,又买了2个鸡蛋,把鸡蛋放到米臼里,加上水,米臼下面点燃丝绸,生起火来……两匹见火就化的丝绸烧完后,米臼里的水还没热呢!

辩一辩　对待金钱的正确观念应该是什么呢?

正方
钱是不可以放弃的
钱是万能的
有钱能使鬼推磨

反方
钱是可以放弃的
钱不是万能的
金钱是粪土

写一写
从地主儿子花钱的过程,你觉得他的问题出在哪儿?

写一写
你认为正确的金钱观和做人标准是 _____。

学成功人士的致富经

idea 我思考 房屋拆迁得到一笔巨款，我们该怎么花呢？

邻居小张拿到钱直接买了一辆豪车。

想一想：他们这种行为对吗？

邻居小王拿到钱，每天挥霍，买奢侈品消费。

故事一

致富经一：没有价值就没有真正的财富。

佛罗里达州迈阿密市首富乔治·贝雷斯，仅仅因为完美主义的个性，一直努力打造豪华的房地产项目，金钱便随之而来……

只有创造价值，你才能赚取有意义的财富。为赚钱而赚钱，你将一无所获。旅程就是那桶金，快乐不是金钱，而是成功带来的伟大的回报。

小贴士

财富是人创造的，谁创造谁拥有。只要是劳动所得、正当所得和合法所得，当然是多多益善，应当提倡和鼓励。反之，不论多少，都是恶而非善。

十大财富价值观

1 积极的精神态度　　6 与人分享幸福的愿望
2 健康的身体　　　　7 对所有事物开放的内心
3 和谐的人际关系　　8 自我约束力
4 未来成功的希望　　9 理解人的能力
5 信念的力量　　　　10 经济保障

故事二

香港企业家和慈善家田家炳认为，"钱财是身外之物，除了为着保障自己及儿女的正常所需外，多余的留在家中就没多大价值，把钱财捐献给社会，所创造的价值无限"。

本着"取诸社会、用于社会"、"留财予子孙不如积德予后代"的中华传统美德，田家炳于1982年决定捐出十余亿元的财产，成立"田家炳基金会"，专事捐办公益事业。以"田家炳"命名的单位和建筑物数百项。受到社会的普遍嘉许。

故事三

连续13年蝉联世界首富的比尔·盖茨，慈善捐助是倾囊而出，他一分一毫也不打算留给自己的子女。有人说，"比尔·盖茨疯了"。还有人说，"比尔·盖茨的娃真可怜"。 也有人认为比尔·盖茨是希望子女将来有自立能力，不让他们坐享其成。

比尔·盖茨说："我不是为钱而工作，钱让我感到很累。我的钱，会花在慈善事业上。这是我和妻子梅琳达的共同决定。我们决定不把财产分给我们的子女。我们希望以最能够产生正面影响的方法回馈社会。拥有巨大的财富不仅是巨大的权利，也是巨大的义务，以财富回馈社会是最好的选择。"

故事四

香港电视广播有限公司荣誉主席邵逸夫乐善好施，热心公益，是著名的大慈善家。1973年，他设立了邵氏基金会。自1985年以来，他通过邵逸夫基金与教育部合作，连年在内地31个省（市、自治区）建设大中小学、职业技术学校及师范学校等，兴建各类教学设施，捐赠金额近47.5亿港币，建设各类项目6013个；历年捐助社会公益、慈善事务超过100多亿港币。

idea

我思考

从上面四个故事中，你认为我们应该拥有什么样的财富价值观？

致富经二：
君子爱财，取之有德。

故事五　别去碰它

杨澜采访崔永元的时候问："你曾经遇到的最大诱惑是什么？"崔永元直截了当地的回答："钱，走穴。有人让我剪彩，最高价开到了一剪子50万。"

杨澜又问："那你为什么不去呢？"

崔永元回答："我觉得我抵御不住。我是没法控制自己的一个人，所以我想，一旦我爱上了剪彩之后，谁也拦不住我。我唯一的办法就是别去碰它，别沾这个事。今天坐在你面前，我如实地告诉你，我还是非常爱钱。真的，我就是不敢用这种方式去挣。"

崔永元的选择都是十分明智与可靠的——别去碰它，别沾这个事。

小贴士

财富是美德的产物，只有道德地占有自己创造的财富才会体验到创造的快感和做人的骄傲。靠坑蒙拐骗别人创造的财富过活，就是把自己降格为禽兽，降格为别人的寄生虫。不在财富的多少，关键在财富取得的方式是否正当，即是否存在获取正义。

故事六　封金不贪

文正公范仲淹年轻时贫穷潦倒，认识了一位姓李的术士。一天那个术士病危了，便请人叫来范文正，告诉他："我擅长把水银炼成白金，我的儿子年纪小，不值得把这个秘方托付给他，现在我把它交给你。"于是把这秘方和炼成的一斤白金封好，放在范仲淹怀中，范仲淹刚想推辞，那个术士已经气绝而死。后来过了十几年，范仲淹当上了谏官，而当年那个术士的儿子长大了，范仲淹派人把他叫来说："你的父亲有神奇的术法，当年他过世的时候，因为你年纪还小，所以就托我先保管秘方，如今你已经长大了，应当把这个东西还给你。"于是就拿出那个秘方还有白金一起交给术士之子，那个密封的记号还保存完好，从来就没有被打开过。

想一想

古人说："人为财死，鸟为食亡。"难道说人为了得到钱财可以不择手段吗？作为一个正人君子，面对财富，我们应该如何取之有德呢？

金融生活观·财富观念

127

致富经三：
任何时候、任何地方都可以
创造财富。

故事七　烟王褚时健85岁种橙子成亿万富翁

烟草事业的如日中天，没有给褚时健带来财富，却让他身陷囹圄；出狱后，褚老深居哀牢山中种橙九载，20世纪"烟王"于耄耋之年成为亿万富翁。褚时健不是在自己的果园，就是跑别人的果园，吸取别人的经验，生活几乎就是围绕果园在转。忙的时候，褚时健早上6点就起床，不到7点就出发。

9年辛劳，2400亩从湖南引入的普通橙树在哀牢山中脱胎换骨。他改良了土壤结构，发明了独特的混合农家肥，解决了灌溉问题、病虫害问题、口感问题等，获国家绿色食品认证，参加中国绿色食品2004上海博览会荣获畅销产品奖。褚时健自己研发的肥料，混合了鸡粪、烟沫，还有榨甘蔗后废弃的糖泥……成本只有200多元，但比市场上1000元的化肥还好。这不仅改变了山里的土壤结构，还让冰糖橙的甜酸比达到18比1，这是别的橙子很难达到的口感标准。

市场反映"褚橙"的口感远超进口的美国新奇士，比口感略酸的进口橙更迎合中国人的口味。

2010年，4000吨"褚橙"不到一个月就被抢购一空，只好采取限量供货的手段。

故事八　从沙"吃"人到人"吃"沙

乌审旗位于内蒙古自治区最南端。1980年，乌审旗沙漠面积已达700余万亩，占该旗土地面积的40%。此时，草场、农田被流沙吞噬；房屋、村庄被掩埋，道路、电力通信线路经常中断。20多年来，当地农民"宁肯种树累死，也不叫风沙欺负死"，将当年人迹罕至的井背塘，改造成一个满目清幽的绿色庄园。

近年来全旗林业生态建设以每年50万亩的速度推进，森林总面积达到542万亩，森林覆盖率上升到30%，全旗沙漠面积从20世纪80年代的700多万亩减少到现在的不足380万亩。全旗引进"风积沙"工业选矿生产线和玻璃制品生产线，取得了良好的经济效益。

小·建议　idea

你还想知道哪些致富经，请上网查询或咨询你的老师！

学会做智慧的消费者

观念一 学会给爸爸妈妈购买礼物

idea **选一选**

母亲节到来,我们买什么样的礼物给妈妈呢?

父亲节到来,我们买什么样的礼物给爸爸呢?

观念二 节约消费,杜绝浪费

大吃大喝

打包吧,别浪费

不要啦

小贴士

　　据调查,母亲节最受欢迎的礼物是营养保健品、鲜花、按摩器材。
　　在父亲节礼物的选择上,最受欢迎的是男装男鞋,占比达51%,其他依次是营养保健品占比31%、剃须刀占比7%、腰带钱包等占比5%、按摩器材占比4%。 **转载自网易新闻中心**

idea **想一想** 哪一种行为是不对的?

观念三 量入为出，适度消费

少花就是多赚

　　美国亚利桑那州有个七口之家，丈夫史蒂夫工作，妻子全职太太，有5个孩子。他们年收入只有3.3万美元，远低于美国家庭平均年收入4.3万美元，但全家平时却能"花最少钱、办最多事"，厉行"少花就是多赚"。例如，他们全家每月在饮食方面的开销仅为350美元，而美国一般普通四口之家每月光吃饭就要花709美元。安妮特说，她每月节省下来的钱比她去工作能赚的还多。他们从一间鸽子笼升级为一幢五卧的房子，如今不仅还清房屋贷款，买车也以现金一次付清，还能带全家度假。

idea 选一选　春节，你收到两万元压岁钱，你将选择下列哪一种商品，作为母亲节的礼物？为什么？

价值50元人民币　　　　价值20000元人民币

价值10元人民币　　　　价值15000元人民币

节约型消费——
不攀比，不浪费。有计划、理性地进行消费。

听一听

我不喜欢浪费钱，但是如果这样东西对我很重要，我宁愿买最好的。

在选择性的奢侈和精打细算的节约之间寻求平衡，节俭并不等于吝啬。

犹太人是非常精明的消费者，他们的格言是：花一块钱，就要发挥一块钱100％的功效。

他们的消费经验是：1. 购买便宜一点的汽车，尽量开久一点；2.吸烟危害健康，不抽烟；3.放弃垃圾食品和办公室咖啡。

他们在节约方面的经验：1.尽量维持婚姻，因为离婚很昂贵；2. 注意身体健康；3. 买房子，不要租房子；4.避免到会员制大卖场大买特买；5.避免信用卡消费和债务；6.降低长途电话费用；7.购买大物品时先上网或在报上查一查。

《塔木德》说："节约是生财之源，节约是理财之方。"

犹太人的智慧

观念四 学会适度超前消费

一个美国老太和一个中国老太见了面。佝偻着的中国老太说："我这一辈子一直存钱，日积月累，到老总算买到了一套新房子。"

容光焕发的美国老太却说："我从20岁开始，贷款住着一栋大房子，现在到老总算还清了。"

我思考

你更欣赏哪个老太太的消费观念? 为什么?

超前消费是一个个性化的选择，在做贷款前需要先衡量自己的能力，以免给自己背上沉重的包袱。同时，还必须要有良好的心理承受能力面对带来的巨额债务，而且要有比较积极的心态。比如贷款买房，贷款买车，都属于超前消费。

131

观念五　做诚信的消费者

> 提前消费带来的负面影响,是对信用借贷的透支。

　　小张自认为很聪明,于是恶意透支了一张信用卡。结果,他透支的一万多块钱利滚利涨到四万多。银行多次找他还款,他不理银行,总认为银行不能把他怎么样。结果,银行让律师发来公函,追究他的法律责任。他从此失去了人生中很重要的品格——讲信用。一、他在银行诚信系统中被列入了黑名单,以后不可能贷到款了;二、他在朋友圈中失去了名声,以后他不可能借到钱了。

恶意透支

idea 我思考　在透支使用信用卡的时候如何避免有不良信用记录呢?

观念六　保护环境,学会绿色消费

少开一天车

绿色消费

布袋袋

　　绿色消费,是指以节约资源和保护环境为特征的消费行为,主要表现为崇尚勤俭节约,减少损失浪费,选择高效、环保的产品和服务,降低消费过程中的资源消耗和污染排放。

idea 想一想　我学会了哪些正确的消费观念?我目前还存在着哪些不正确的消费行为? ?

商业道德故事会

故事一 说话不算数，商人自食苦果

济阳有个商人过河时船沉了，他抓住一根大麻杆大声呼救。有个渔夫闻声而至。商人急忙喊："我是济阳最大的富翁，你若能救我，我给你100两金子。"待被救上岸后，商人却翻脸不认账了。他只给了渔夫10两金子。渔夫责怪他不守信，出尔反尔。富翁说："你一个打渔的，一生都挣不了几个钱，突然得十两金子还不满足吗？"渔夫只得怏怏而去。不料想后来那富翁又一次在原地翻船了。有人欲救，那个曾被他骗过的渔夫说："他就是那个说话不算数的人！"于是商人被淹死了。

我感悟

对人说话要＿＿＿＿＿＿＿＿＿＿；
与人承诺要＿＿＿＿＿＿＿＿＿＿。

故事二 干老实事，成为讲信誉的人

吴百亨是我国第一家乳品厂——温州百好乳品厂的创始人。

1933年，英国"纳司而英瑞"公司指使"福州亚士德洋行"一下子购进一千多箱"擒雕牌"炼乳，故意将它们存放到变质后，投放到市场上销售。

吴百亨将市场上所有变质炼乳收回。随后，吴百亨邀请福州的所有商业大亨到该市望江大酒楼参加酒宴。席间，突然听到闽江上响起"轰隆！轰隆！"巨响，众大亨临窗一望，只见闽江一船只上的船员正用力推着一箱箱货物往江里抛。同时，他们还听岸上的围观者大声地议论："吴百亨厂家生产的炼乳真讲究质量，4万多听变质货宁可抛掉，也不削价出售！"众大亨听后，无不竖起大拇指夸赞："吴百亨先生真讲信誉！"事后，吴百亨还赔偿"福州亚士德洋行"全部损失资金。该洋行老板见吴百亨先生如此果断处理变质炼乳，也打心底佩服说："吴百亨先生讲诚信，令人折服！"

我思考

为什么吴百亨特别重视自己的诚信呢？吃亏给他带来什么样的福气呢？

故事三　与人坦诚相见，获得信任

　　日本的渔民很多，麻绳是他们必不可少的生产工具，岛村就决定做批发麻绳的生意。他先从一家生产麻绳的厂家进麻绳，每根麻绳的进价是五毛。可是岛村却又以每根麻绳五毛钱的价格卖给了东京一带的工厂和零售商，自己不但一分钱没赚，还赔了钱。一年以后，人们都知道有一个"做赔本买卖"的商人，这个人叫岛村芳雄。

　　岛村找到生产麻绳的厂家，说："去年，我是按照进价购买并卖出了你们的麻绳，赔了不少钱。"厂方于是就决定让五分钱，同意以每根麻绳四毛五分钱的价格卖给岛村。

　　岛村又来到他的客户那里，很诚实地说："我以前为了扩大自己的影响，原价出售麻绳。"客户们看了进货单，知道岛村说的是实话，于是就决定每根麻绳加五分钱，以每根五毛五分钱的价格买岛村的麻绳。

　　由于岛村诚实，总明明白白地跟厂家和客户说自己在中间赚了多少钱，赢得了人们的信任，人们都愿意和他做生意。

我思考 idea

人们为什么信任岛村芳雄，并愿意和他做生意呢？

故事四　诚实做事，赢得谅解

　　李嘉诚开办了塑胶制品厂，为了满足市场需求，只顾数量，不顾质量。结果，客户投诉他的塑胶制品质量粗劣，要求退货。仓库里堆满了因质量欠佳和延误交货退回的成品。

　　产品积压，没有进账；墙倒众人推，连银行也来催缴贷款，弄得李嘉诚焦头烂额，痛苦不堪。长江厂处于清盘的边缘。

　　这时，李嘉诚感悟到：诚实是做人处世之本。李嘉诚回到厂里，召集员工开会。他坦诚地承认错误，向员工赔礼道歉。紧接着一一拜访银行、原料商、客户，向他们认错道歉，并保证在放宽的限期内一定偿还欠款，并如数付清该赔偿的罚款。李嘉诚的诚实，使他得到他们中的大多数人的谅解。

　　同时，李嘉诚马不停蹄到市区推销，将货品卖给专营旧货次品的批发商。在制品的质检卡片上，一律盖上"次品"的标记。最终，长江塑胶厂走出了危机。

小·贴士

　　"人无信不立。"诚信，是中华民族的一种传统美德。它的核心是真诚。诚则实，不弄虚作假；诚则信，不撒谎骗人。失去诚信，在交际上会失去朋友，在商业场上会失去顾客。

故事五　奸商骗人的故事

　　去年夏天，小明坐车到苏州探亲，一路奔波，非常渴，下车后见到一个推着三轮车卖西瓜的摊贩，车上有许多切开的露出红瓤的大片西瓜，旁边牌子上写着"二元一角"。小明掏出2.1元给摊主，结果不知他从哪拿出了一片小的西瓜递给小明，并找回一角钱。小明与他理论，他理直气壮地说："你不长眼睛啊，2元钱只能买西瓜的一个角，牌子旁大片的西瓜5元一块。"

议一议　这个西瓜摊主骗人会导致什么样的结果呢？

故事六　徽商胡雪岩的诚信故事

　　胡雪岩是中国近代著名红顶商人，富可敌国的晚清著名徽商，政治家；是著名的胡庆余堂国药号的创办人。人称"为官须看《曾国藩》，为商必读《胡雪岩》"。

　　胡雪岩在胡庆余堂大厅里挂了两块匾，"戒欺"和"真不二价"。胡庆余堂出售的人参，都是在购进时放入生石灰中吸过水分的，把含水量降到最低，就是保障顾客的利益，当然也会少赚钱，但是胡雪岩说，胡庆余堂要"采办务真、修制务精"。他要求胡庆余堂员工除了"勤谨能干"外，还需"诚实心慈"，因为只有品行端正的员工，才能时时为顾客所想。

小贴士

胡雪岩信奉的经商信条：
"经营信为本，买卖礼当先。"
"买卖公平天经地义，童叟无欺诚信为本。"
"君子爱财，取之有道。"
"要从正道取财，不要有发横财的心思"
"钱要拿得舒服，烫手的钱不能用。"

议一议　"真不二价"是什么意思？

故事七 不贪财才能讲诚信

年底，老板让店里的伙计去周围店铺将赊账的欠款要回来。伙计跑了一整天，收了满满一布袋的银两和钞票，返回前到一小店喝碗茶，结果临走的时候，将这些收来的欠款丢在小店里，回家以后，才发现钱没有了。这些钱是伙计十年的工钱，任凭伙计如何解释老板就是不相信他，急得这伙计要寻死。后来，老板和伙计一同返回寻找。到了小店，天色已经很晚，见到一位商人坐在那里，这位穷商人原本计划当晚乘船回家过年，当他在小店里发现了钱款和布袋，他就一直在小店等候失主。确认失主后，他就将钱款交给他们，并拒绝收谢礼。因为天色已晚，船期已经耽误，他只好决定第二天早上再乘船回家。哪知当天晚上，有消息传来，那艘商船半夜在江中沉了，全船的人都淹死了，那位帮人的商人因不贪财而有幸逃过了这一劫。

故事八 追求最优品质，创造品牌信誉

哈根达斯素有冰淇淋中"劳斯莱斯"之称，是全球冰淇淋的极品品牌。哈根达斯的生产厂在法国Arras，因为那里出产世界公认的最好牛奶。带着奶牛体温的鲜奶必须在96个小时之内变成冰淇淋，然后发往世界各地。纯粹是奢华的最高境界，哈根达斯冰淇淋的基础配方永远只有4种天然成分：脱脂鲜奶、鲜奶油、鲜蛋黄和糖。其他品牌常用的黄油、淀粉、食用香精、乳化剂、稳定剂、水果糖浆、增稠剂等材料根本进不了哈根达斯的配料表。这种天然的纯粹，使得哈根达斯在独有超卓味道的同时，更彰显出非凡的尊崇品位。

"新鲜""纯粹""浓郁"和"幼滑"是极品冰淇淋的关键，它们分别由"新鲜牛奶""纯粹配料""空气含量"和"冰晶大小"决定。新鲜和纯粹自不必解释，空气越少和冰晶越小，冰淇淋就越浓郁越幼滑，品质就越好。不同品质的冰淇淋差别非常大。

最优质的品种，最好的服务。它为这个市场提供了一种象征高贵与时尚的冰淇淋！

Häagen-Dazs 哈根达斯

idea
说一说 学习了这一课，你有了哪些启示和感想？

防范金融犯罪

案件一 盗取信用卡密码的诈骗

当你在自动柜员机上操作时，无论此时有人问你问题，还是告诉你有钱掉在地上，都不要回头，应迅速结束操作取出自己的卡后，再回答对方。因为贼人很可能在你操作的时候已经偷窥到密码，此时打岔转移你的注意力，只为调包你的卡，当你还全然无意识时，你卡里的钱已经在最短时间内被转移得干干净净，任何时候都不要把身份证和信用卡等银行储蓄卡放在一起。

警方八招教你防范ATM机诈骗

1、使用ATM机时，要留意身边是否有陌生人偷窥密码或离自己距离太近，必要时提醒他人与自己保持一定距离。
2、不要转移注意力捡东西或向别处张望。
3、不要轻易接受"热心人"的帮助，被人转移注意力。
4、用手或身体挡住插卡口，防范不法分子调包。
5、提高安全用卡意识，对ATM机上张贴的各类通知、ATM机的改动、吞卡等情况提高警惕。如有疑问，请直接拨打银行的客户服务热线，或者到银行柜台询问，不要拨打张贴通知上所留的电话。
6、留意门禁是否有密码键盘或改装痕迹。
7、留意是否有多余的装置或摄像头，键盘是否有改装过的痕迹或者被贴上薄膜。
8、关注账户内的资金变化，如无暇关注，不妨开通余额变动短信提醒。

案件二 银行ATM机诈骗

两男子一个左手撑着雨伞，右手在键盘上操作，另一个站在一旁用身体挡住ATM机。不一会儿，有人到自动取款机处，发现他们手里拿的是一瓶502胶水和一张虚假的印有银联标志的"温馨提示"，其中一台ATM机读卡器的下方，贴了一张温馨提示。出钞口已经被胶水封住了。民警分析，犯罪分子使用这种方式主要有两个目的：1.持卡人在ATM机上取钱时，发现出钞口吐不出钞票，认为ATM机出了故障，退卡，离开。待持卡人离开后，犯罪分子弄掉出钞口的胶水，取走钞票。2.持卡人看了犯罪分子张贴的虚假提示，拨打所谓故障服务电话（其实是一只小灵通号码），根据他们的提示，将自己卡内的钱转到犯罪分子的账户上。

案件三　冒充公检法的来电诈骗

一天,市民钟某在办公室接到一个电话,对方称钟某有一份法院传票,如果他要了解详细情况就回拨电话9号键。钟某按提示回拨后,一名自称某市公安局民警的男子表示,现正在办理一宗李某的洗钱案,案件涉及多人。该"民警"说钟某在西安办了一张信用卡,如今不排除钟某和李某是同伙的可能性。为保证钟某的资金安全,要求钟某把钱转到指定账号。

"民警"又把电话转至"检察院",一名自称是检察官的潘姓女子向钟某讲述了案件情况,不允许钟某开手机或把情况向他人透露。潘姓女子要求钟某去就近的银行,把钱转入指定账号。钟某不假思索,立即按该女子的要求将80万元转账。

潘姓女子又要求钟某缴纳15万保证金,经商讨,钟某最终又汇出了2万元。钟某前后向对方提供的三个账号共转入82万元。

idea 想一想　你认为这个钟某是否上当受骗了?

钟某办完这些后,想到还是打个电话核实一下情况。于是,钟某就回拨之前该女子打给他的电话,才知道自己受骗上当,立即向市公安机关报案。

市公安局立即介入调查。经核查,钱已被犯罪分子在三小时内转走。

idea 评一评

犯罪分子利用被害人对公检法的畏惧心理,来一步一步实施诈骗,通过谎称对方欠费,或涉及重大经济诈骗或者犯罪,进一步恐吓被害人,导致被害人因心理畏惧提供个人资料,而进行诈骗。

如果真的是经济犯罪,外地公安是无权逮捕拘留的,只能通过当地公安对罪犯进行刑侦逮捕审查,不可能通过电话录音来办案。

案件四

"喜从天降"的短信诈骗

一天，爸爸的手机上收到这样一条信息："恭喜！您的手机号码已被湖南卫视【爸爸去哪儿】栏目组后台系统随机抽选为今日场外幸运观众。您将获得本活动栏目与赞助商提供的惊喜奖金138000万元（人民币）现金以及苹果 MacBook Pro 笔记本电脑一部。请登录官网 bhnqke.com 验证领取所获得奖项。"

奖项通知

恭喜！您的手机号码已被湖南卫视【爸爸去哪儿】栏目组后台系统随机抽选为今日场外幸运观众。您将获得本活动栏目与赞助商提供的惊喜奖金￥138000万元（人民币）现金以及苹果MacBook Pro笔记本电脑一部。请登录官网 bhnqke.com 验证领取所获奖项。《注：手机无法登陆》请牢记您的验证码【5688】郑重声明：本次活动已通过中国互联网公证处审核真实有效。【爸爸去哪儿】

类似案件

1 2007年1月，吴某收到一条手机短信，称其在香港某集团抽奖活动中中奖，奖品为价值人民币98000元的千里马轿车一辆。吴某与对方联系后，对方以个人所得税、手续费等为名，让其向指定账户汇款共计人民币6010元。

2 曹某收到短信称："XX银行用户，您于1月10日在北京市某商场购物4800元，将在结账日从您账户扣除，有疑问请咨询银行信用卡部门。事主随后打该电话询问，有一个男子自称是银行管理部门的科长，以要给事主的卡加密为由，叫事主把钱打入指定账户，曹某将39000元打入了这个账户后发现被骗。

评一评

犯罪分子以"我要上春晚""中国好声音"等热播节目组的名义，向受害者手机群发短消息，称其已被抽选为节目幸运观众，将获得巨额奖品，后以需交手续费、保证金或个人所得税等各种借口，实施连环诈骗，诱骗受害人向指定银行账号汇款。通过手机发送中奖短信，受害人一旦与犯罪分子联系兑奖，犯罪分子即以"个人所得税、公证费、转账手续费"等各种理由要求受害人汇钱，达到诈骗目的。

案件五　二维码诈骗

朱小姐上网购物，扫了卖家提供的二维码后，余额宝中的6万元竟然被盗走。

朱小姐找到一家装修不错的网店，这家店虽然没信誉度，可是承诺购物能返100元的红包，这让朱小姐心动不已。于是朱小姐挑选了一件500元的毛衣，并询问卖家如何获得红包。

卖家告诉朱小姐，只要扫一扫二维码，就可以获得100元的红包。然后卖家把二维码直接发到了朱小姐的手机上。朱小姐扫后发现，手机页面只显示出一个"淘"字，并没有红包的界面出现。朱小姐心里"咯噔"一下，怀疑自己遇到了骗子，于是急忙联系卖家，可卖家直接下线了。

因为朱小姐扫的二维码是骗子给的一种木马病毒，目前，犯罪嫌疑人李某已被江夏警方在浙江余姚抓获。警方提示，网购千万要注意，切勿见码就扫。

警察的三点提示

犯罪分子以降价、奖励为诱饵，要求受害人扫描二维码，实则附带木马病毒，一旦扫描安装，木马就会盗取受害人的银行账号、密码等个人隐私信息。

1. 不要随意扫二维码。
2. 购物时尽量用阿里旺旺这样的官方聊天软件。
3. 不要为了赚取高额利息在余额宝上预存很多现金，不要将网银与支付宝绑定。

案件六　骗人者终将被抓，受到法律严惩

一位市民因轻信中奖电话而被骗走2.65万元，江门警方成功破获该案。

蓬江区法院一审认定两被告人共同诈骗他人人民币2.65万元，数额较大，均已构成诈骗罪。鉴于两人家属代为积极赔付被害人所有损失并预缴罚金，判处嫌疑人一有期徒刑1年3个月，缓刑2年，并处罚金3万元；判处嫌疑人二有期徒刑1年，缓刑1年，并处罚金2万元，此外没收两人被扣的手机、调制解调器、笔记本电脑等作案工具。

《刑法》第二百六十六条　诈骗公私财物，数额较大的，处三年以下有期徒刑、拘役或者管制，并处或者单处罚金；数额巨大或者有其他严重情节的，处三年以上十年以下有期徒刑，并处罚金；数额特别巨大或者有其他特别严重情节的，处十年以上有期徒刑或者无期徒刑，并处罚金或者没收财产。本法另有规定的，依照规定。

展望2050年的银行

我调查 调查一下，现在的银行经营存在什么样的问题？

现在科学技术会给银行经营带来什么样的变化？

客户有哪些需求不能被满足？

银行的服务还有哪些不足和需要改进的地方？

……

小贴士

　　未来银行将整个电子商务流、信息流、资金流、物流"四流并一"；具有信用中介、支付中介、资金中介、信息中介"四个作用"。

我咨询 2050年的银行和今天的银行有哪些不同？

① "统一"银行　不要像现在这样，用银行卡在不同的银行取钱就会收取一定的跨行手续费。

② "万能"银行　实现一卡通。不像现在这样，一定要到某银行去办业务，现在不同银行有一些特定的业务，如建设银行分管了公积金管理业务。各银行实现互联互通。

③ "身份"银行　每个人与身份证号码对应的只有唯一的一个银行帐户，这样，只要用身份证号码和手机短信验证，就可以在任何地方取钱，免得身上装很多的银行卡，形成信息和资源浪费。

猜想一 未来银行——合适各类人群的手机银行？

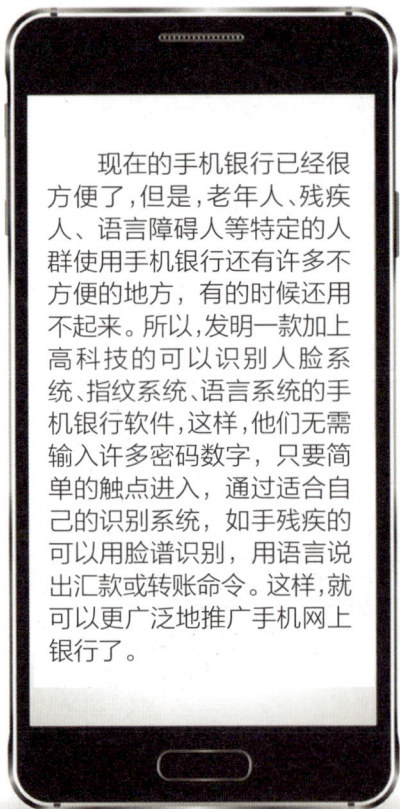

现在的手机银行已经很方便了，但是，老年人、残疾人、语言障碍人等特定的人群使用手机银行还有许多不方便的地方，有的时候还用不起来。所以，发明一款加上高科技的可以识别人脸系统、指纹系统、语言系统的手机银行软件，这样，他们无需输入许多密码数字，只要简单的触点进入，通过适合自己的识别系统，如手残疾的可以用脸谱识别，用语言说出汇款或转账命令。这样，就可以更广泛地推广手机网上银行了。

猜想二 未来银行——信息化银行？

在理念上，建立分析数据的习惯，重视大数据开发利用，提升全行的数据质量和管理。在战略上，坚持客户和市场为中心，信息流为导向，资金流为主线，物流为基础，以网络化移动银行为方向，重构移动银行的体系，以虚拟化、便捷化、客户自定义为方向，调整业务体系。

未来银行发展趋势

未来银行将成为虚拟银行，手机将成为银行网点终端。

未来银行通过手机网络提供以下服务：

1. 超越空间、时间的限制，随时随地提供银行交易服务。
2. 提供远程视频咨询服务。
3. 实现无卡、无折取现与支付等金融服务。

畅想未来银行

Bradesco

BANK
CHINA

WiFi
SSID: Next Bank-1
Next Bank-2
Next Bank-3

NEXT
BANK
CHINA

TANG

猜想三 未来银行——移动化银行？

移动化银行体现在三个方面：

第一是地域的移动。无论你在世界哪个角落，银行都在你身边。

第二是时间的移动。利用客户生命周期视图实现对客户的三维立体式管理。如，为创业人士提供交流平台，并用创业成功的案例帮助其成长；为刚参加工作的客户提供住房贷款、信用卡等产品。

第三是渠道的移动。未来银行应该是触手可及的，随着智能手机普及，将生活所需的一切都装在口袋里已经近在眼前。移动支付、移动贷款、移动理财，不再需要到网点提供繁琐的证明和抵押材料，因为这些都可以从银行系统中获取，未来银行需要做的只是为不同客户匹配不同产品和额度。

BANK

idea 我总结

到2050年银行将会是什么样的呢?

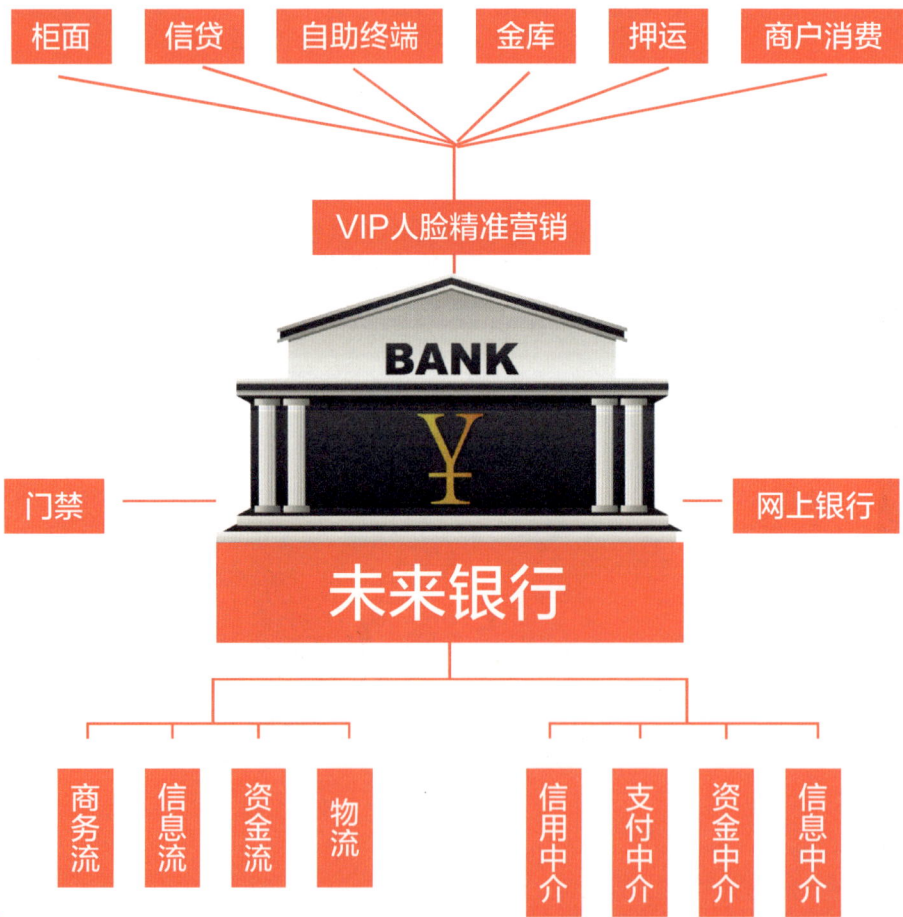

柜面　信贷　自助终端　金库　押运　商户消费

VIP人脸精准营销

BANK

¥

门禁　　　　　　网上银行

未来银行

商务流　信息流　资金流　物流　　信用中介　支付中介　资金中介　信息中介

idea 我展望

未来银行的发展趋势展望

　　银行业正朝着以金融品牌为主导、以全面服务为内涵、以互联网络为依托、以物理网络为基础的综合化、全球化、电子化、集团化、虚拟化的全能服务机构的方向发展。

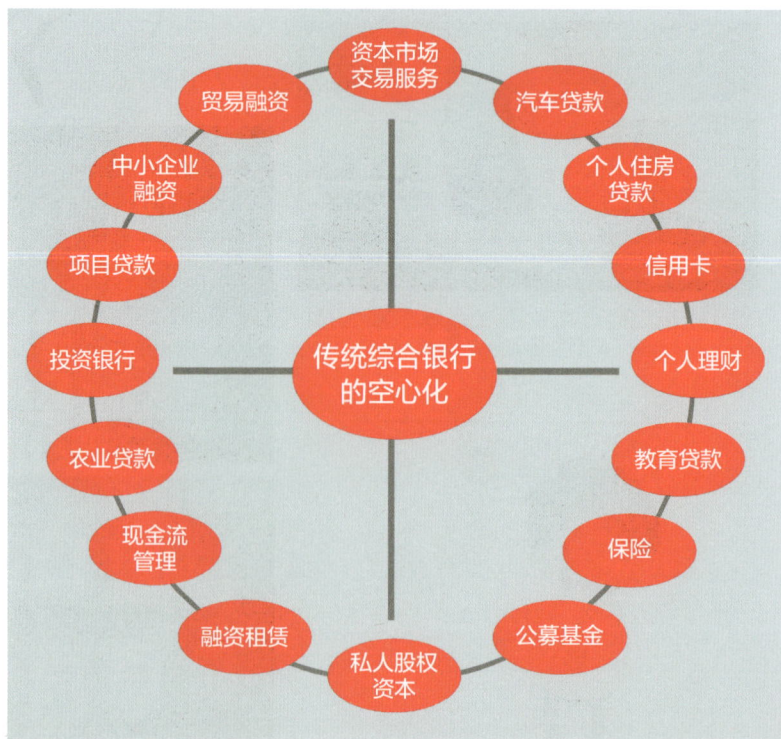

资本市场交易服务

贸易融资　　　　汽车贷款

中小企业融资　　　个人住房贷款

项目贷款　　　　信用卡

投资银行　**传统综合银行的空心化**　个人理财

农业贷款　　　　教育贷款

现金流管理　　　　保险

融资租赁　　　　公募基金

私人股权资本

后 记

我们的生活都与金融密切相关。金融学知识的学习,有助于青少年尽早了解和适应经济社会、学会生活生存。今天,一本历时多年,集中众人智慧,几易其稿、反复修改的金融知识普及课程终于诞生了。《趣学金融》是国内第一本围绕"金融"概念而展开的中小学学生素质拓展课程,也是以南京地区为主要事件背景的地方课程。本书图文并茂,形象生动,并以故事形式调动读者对金融的兴趣,达到了深入浅出的效果。书中还设计了大量的我思考、我探究的内容,对提高金融思维能力有一定的促进作用。可以说不仅中小学学生们喜爱,不少成人也对此书爱不释手、觉得趣味盎然。

在此,衷心感谢丛书总主编谷力博士七年来对此书编撰和出版的全心全力;衷心感谢中国思维科学领导小组筹备组组长张光鉴教授、已故的中科院院士陆埮教授、中国著名的课程教学专家杨启亮教授等专家的指导和鼓励;衷心感谢广东发展银行南京分行的顾蓉行长在金融专业上把关;衷心地感谢为本书出版而认真编写、辛苦编辑的近30位同仁们。

书中可能还存在不足,也敬请广大读者批评指正!

《趣学金融》编写组
2016年5月1日

图书在版编目（CIP）数据

趣学金融 / 李洪祥，张屹，史亮主编. — 南京：
南京大学出版社，2016.7
（概念主题式综合实践活动课程丛书 / 谷力主编）
ISBN 978-7-305-17227-4

Ⅰ. ①趣… Ⅱ. ①李… ②张… ③史… Ⅲ. ①金融－
小学－课外读物 Ⅳ. ①F83-49

中国版本图书馆CIP数据核字 (2016) 第145032号

出版发行　南京大学出版社
社　　　址　南京市汉口路22号　邮编 210093
出 版 人　金鑫荣
丛 书 名　概念主题式综合实践活动课程丛书
丛书主编　谷　力
书　　名　**趣学金融**
主　　编　李洪祥　张　屹　史　亮
责任编辑　田　甜　李鸿敏　　编辑热线 025-83593947
印　　刷　南京凯德印刷有限公司
开　　本　880*1230　1/16　　印张　9.75　　总数　200千
版　　次　2016年7月第1版　2016年7月第1次印刷
ISBN 978-7-305-17227-4
定　　价　40.00元
网　　址　http://www.njupco.com
官方微博　http://weibo.com/njupco
官方微信号　njupress
销售咨询热线　(025)83594756